VORGESCHICHTE IN DER BRETAGNE

Menhire und Dolmen

Text Pierre-Roland GIOT

Fotos Dominique LE DOARE
Daniel SORET

Deutsch von Maurice HASLE und Annick LAGEMANN (C.R.B.C. - U.B.O. BREST)

EDITIONS D'ART
JOS LE DOARE

29150 CHATEAULIN

Menhir von Champs-de-Callac bei Saint-Gilles-Vieux-Marché (Côtes-d'Armor), 6 m hoher Felsblock aus Schiefer aus der Gegend auf einem unbewaldeten Plateau.

MENHIRE UND DOLMEN

DER STEIN

Am Rande eines kleinen Weges, der sich bergab schlängelt, zeichnet sich gegen das Laubwerk auf halber Höhe eine weißliche Masse ab. Wenn man näher kommt, ist man überrascht, nicht etwa einen kahlen Baumstamm zu entdecken, sondern einen gewaltigen, aufrecht stehenden Stein, der auf der einen Seite abgerundet und mit Moos bedeckt ist, und dessen andere Flächen gezackt und unsymmetrisch sind. Doppelt so hoch wie ein Mann reckt sich dieser Block gen Himmel als Symbol tausendjähriger Beständigkeit, eine Masse von etwa einem halben Dutzend Tonnen Gewicht. Betrachtet man ihn aus einer anderen Perspektive, so hebt er sich gegen den Himmel ab und erinnert an eine erstarrt dastehende, versteinerte Menschengestalt. Nachts könnte er verspäteten Passanten einen Schreck einjagen.

Dieser Felsblock steht sicher nicht so weit draußen in den Feldern, weil ihn irgendein um die touristische Ausgestaltung der Gegend bemühter Verein oder ein um die Errichtung eines Gedenksteins besorgter Gemeinderat dorthin gezaubert hätte. Ebensowenig ist er die Verwirklichung der überspannten Träume eines allzu romantischen Bürgers, der bei einem neuzeitlichen Obelix einen Stein gekauft hätte, um ihn mitten auf dem Rasen vor seinem Haus aufzustellen. Er ist ein authentisches, vorgeschichtliches Zeugnis an seinem ursprünglichen Platz, dem einzig sinnvollen.

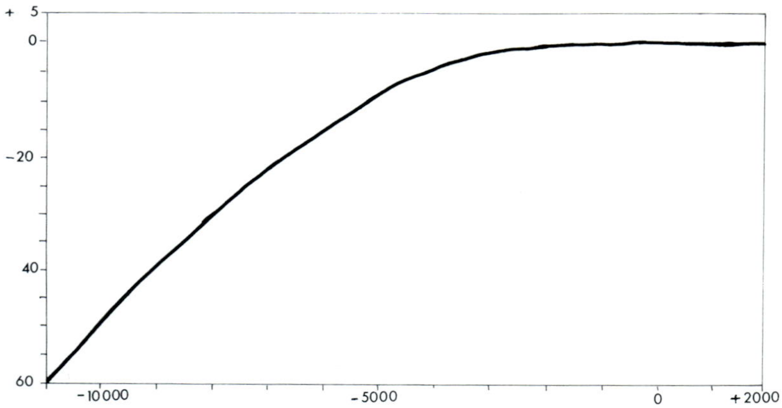

Der Menhir von Penloïc (oder Penglaouic) bei Loctudy (Finistère) an der Mündung des Flusses von Pont-l'Abbé ragt 4 m aus dem Schlick ; der Fuß des Menhirs liegt etwa 0,75 m unter dem heutigen mittleren Meeresspiegel, die Basis noch etwa 0,50 m tiefer. Die Kurve zeigt das durchschnittliche Ansteigen des Meeresspiegels seit der Postglazialzeit nach Abschmelzen des Inlandeises. Der Menhir wurde im Neolithikum also auf festem Boden errichtet.

DIE MENHIRE

Dieser aufrechte Stein ist nicht von Natur aus in dieser Stellung, sondern von Menschenhand errichtet. Wir stehen hier vor einem Megalithdenkmal, so roh dieser Stein auf den ersten Blick auch aussehen mag. Die wenigen archäologischen Fundstücke an seinem Fuße erlauben, ihn in die Zeitenfolge der vorgeschichtlichen Kulturen einzuordnen : Die Menschen, die den Stein aufrichteten, bauten schon Getreide an, stellten gebrannte Keramik her, glätteten harten, widerstandsfähigen Stein, bearbeiteten jedoch auch noch den Feuerstein. Sie waren seßhaft, lebten in Dorfgemeinschaften in Häusern aus Holz und Strohlehm ; sie betrieben Viehzucht, sammelten wilde Beeren, verschmähten aber auch Jagd und Fischfang nicht. Durch die Feststellung des C14-Gehalts der Holzkohlekörner kann man die Zeit, zu der die einzelnen Steine aufgestellt wurden, näher bestimmen- 4000 bis 7000 Jahre sind seit ihrer Errichtung verstrichen. Diese Periode entspricht der Jungsteinzeit der Archäologen.

Wenn man die Heide- und Knicklandschaften der Bretagne durchstreift, entlang der Küsten oder auf den Bergkuppen und -kämmen des Landesinneren, trifft man in den Wäldern oder Tälern auf eine stattliche Anzahl dieser Megalithdenkmäler ; aber man findet sie auch in vielen anderen Gegenden Westeuropas.
Eine aufmerksamere Untersuchung zeigt, daß die Basis einige Dezimeter in die Erde eingelassen ist und dort mit kleineren Steinen kräftig verkeilt wurde. Lockerte man diese Steine, so würde der Monolith langsam umkippen. Am Boden des Loches fände man Scherben grober Töpferware, Feuersteinabschläge, vielleicht eine polierte Steinaxt oder Reste eines Mahlsteins zum Schroten von Getreide. Bestimmte Steine weisen Feuerspuren auf, zum Teil finden sich Holzkohlereste, weil die Steinlegung mit einem Feuer begangen wurde.

Am Ende des 18. Jahrhunderts entlehnten "Altertumswissenschaftler", wie man damals die Archäologen nannte, das bretonische Wort *menhir* (Langstein) zur Bezeichnung der Steine, obwohl es im Bretonischen daneben einen gebräuchlicheren Begriff gibt, der auch besser paßt : *peulvan* (Steinpfeiler). Da man bretonische Wörter gewählt hat, um solche Steindenkmäler zu bezeichnen, ist die Ansicht verbreitet, es handle sich dabei um eine spezifisch bretonische Erscheinung. Diese Annahme ist falsch, obwohl sie in diesem Teil Europas zahlreicher auftreten als anderswo.

Öfter als auf den Gipfeln von Bergen stehen Menhire an Hängen. Einige findet man in Tälern oder in Niederungen, und eine beträchtliche Anzahl von einzelnen Menhiren befindet sich an Wasserstellen oder an Bachläufen. Solche Monolithe können einzeln dastehen oder sind als einzige von einer Gruppe von Steinen übriggeblieben, denn manche waren in Grabstätten integriert oder gehörten zu anderen Menhiren. So konnten sie ganze Denkmalkomplexe bilden, die wiederum Bestandteile einer übergeordneten Einheit darstellen. Aber immer fügten sie sich vollkommen in eine Landschaft, in der sie eine bestimmte Funktion erfüllten ; stets waren sie aus mehr als einer Richtung erkennbar. Viele wurden zerstört, hauptsächlich in den letzten zwei Jahrtausenden ; so ist es heute schwierig, ihre Beziehungen untereinander sowie mit ihrem Umland zu erfassen. Hinzukommt, daß sie zuweilen vom Blitz getroffen werden ; wenn man die in den letzten fünfzig Jahren durch Blitzschlag verursachten Schäden auf die Jahrtausende umrechnet, kommt man zu dem Ergebnis, daß dieser neben der bildstürmerischen und respektlosen Wut der den Megalithikern nachfolgenden Generationen ein nicht zu vernachlässigender Faktor in der Geschichte ihrer Zerstörung ist.

Ihre Form variiert häufig, je nach dem Gestein, aus dem sie bestehen. Ein natürlicher Felsblock, den die Erosion vom anstehenden Gestein gelöst hatte, wurde, wenn er gerade paßte, verwendet so, wie er war, oder vielleicht grob zurechtgehauen, indem bereits vorhandene Risse genutzt wurden. Es wurden recht unregelmäßige Felsblöcke aus Quarz, Quarzit oder Konglomerat von geringer Höhe, sowie gezackte Platten aus hartem Schiefer verwendet. Vorgezogen wurde aber der Granit, der bei weitem geeignetste Stein. In den Felsenmeeren aus Granit hatten die Steinblöcke zum Teil bereits die gewünschte Form. Felsen, die nur wenig vorsprangen, konnten vom Boden gelöst werden : An einer Seite erkennt man einen frischen Bruch, auf der anderen Seite sind sie vom Wetter geglättet oder abgerundet. Dies erklärt das Aussehen so vieler Menhire aus Granit, die abgerundete Formen zeigen; außer an einer Seite, wo tiefe Krater und andere durch natürliche Erosion entstandene Formen auffallen. Beim Lossprengen der Felsblöcke ging man wohl nach der uns heute noch bekannten Methode der Steinbrucharbeiter vor : Die Felsrisse wurden durch Hämmern zu Sprenglöchern erweitert, in die Holzkeile getrieben wurden, die man durch aufgegossenes Wasser quellen ließ.

In der Bretagne gibt es mehrere Menhire, die offensichtlich rundum behauen sind oder zumindest durch Hämmern abgeflacht wurden, so regelmäßig sind ihre Formen. Es handelt sich dabei im allgemeinen um sehr große Steine. So etwa der von Champ-Dolent bei Dol-de-Bretagne (Ille-et-Vilaine) mit einer Höhe von 9,50 m, der schräg stehende, 7 m hohe Menhir von Saint-Samson-sur-Rance (Côtes-d'Armor) oder im Gebiet von Léon (Finistère) die Menhire von Saint-Gonvarc'h bei Landunvez mit 6 m, von Kerreneur oder Kerhouezel bei Porspoder mit 6,50 m, der liegende Menhir mit 10,50 m und der aufrecht stehende mit 9 m in Kergadiou bei Plourin Ploudalmezeau, aus jedem Blickwinkel der Menhir mit den vollkommensten Formen. Schließlich jener von Kerloas (oder Kerveatous) bei Plouarzel im Léon mit 10 m der größte aufrecht stehende Menhir.Insgesamt sind die Ausmaße der Menhire sehr unterschiedlich. Sie reichen von wenigen Dezimetern bis zu mehr als 20 m, eine Höhe, die der heute zerbrochene große Menhir von Locmariaquer (Morbihan) gehabt haben dürfte ; er wurde wie so viele andere kurz nach seiner Errichtung absichtlich umgestürzt. Die größten noch aufrecht stehenden Menhire erreichen mit dem unter der Erde liegenden Sockel 10 bis 12 m und sind Hunderte von Tonnen schwer. Der von Locmariaquer dürfte 300 t gewogen haben (und nicht 350 wie bisher angenommen) und der Menhir von der Insel Melon bei Porspoder (Finistère), der 7 m hoch war und im letzten Krieg zerstört wurde, erreichte um die 80 t.

Zumeist wurde zur Gewinnung der Steine ein Felsmassiv in unmittelbarer Nähe genutzt, und in diesem Fall war der Transport sehr kurz, aber dennoch ein gewaltiger Kraftakt. Neben dem Menhir von Men-Marz in Pontusval bei Brignogan (Finistère), der 10 m hoch ist, sieht man die Felsen, von denen er losgebrochen wurde. Es gibt aber auch eine Reihe von Beispielen für geologisch bewiesene Transporte, die über drei bis vier Kilometer gingen (dies trifft für die schon erwähnten Menhire von Plouarzel und Dol zu). Zu Land wurden diese Arbeiten wohl auf Rollen durchgeführt, wobei man Strecken mit möglichst geringer Steigung wählte ; mit Holzhebeln wurden die Enden eines Steines wechselweise angehoben, so daß dieser seitwärts rutschte, ohne daß man dabei dessen ganzes Gewicht zu tragen hatte. Der Transport zu Wasser, auf einem tief im Wasser liegenden Floß, verminderte den benötigten Kraftaufwand um etwa ein Drittel.

Oben links Menhir von Champ-Dolent bei Dol-de-Bretagne (Ille-et-Vilaine), Granit, 9,50 m hoch, in 4,5 km-Entfernung gebrochen. Der Sage nach nagt der Mond jede Nacht ein Stück Stein ab und das Jüngste Gericht wird am Tage verkündet, da er völlig in der Erde versunken ist. Oben rechts Menhir von Caillouan-en-Présidy (Côtes-d'Armor), 7,50 m hoch. Unten links Menhir von Crec'h-Coulm bei Pedernec (Côtes-d'Armor), 7,50 m hoch. Unten rechts Menhir der Jungfrau (Vierge) auf der Insel Hoedic (Morbihan), 4 m hoch.

Selten trifft man auf Megalithe mit ebener Basis, die ohne Stütze ins Gleichgewicht gebracht worden sind. Die meisten wurden in die Erde eingelassen : Hatte man das Loch, das den Stein aufnehmen sollte, ausgehoben, mußte man ihn hineinkippen. Dazu wurde er, wenn nötig, auf eine hohe Aufschüttung aufgerollt, die dann, wenn der Stein endgültig festgekeilt war, wieder beseitigt wurde. Die Errichtung von Menhiren kleineren oder mittleren Gewichts konnte ein aus Baumstämmen gefertigter Bock erleichtern. Zur Herstellung von Seilen dürften feste Fasern wie jene der Klematis verwendet worden sein.

Es ist nicht auszuschließen, daß in Gegenden, in denen es an Felsgestein fehlte, Menhire aus Holz existiert haben.

Nur sehr selten tragen die Menhire Eingravierungen oder Motive in Flachrelief. Man kann vermuten, daß viele verziert waren, daß aber die Wind und Wetter ausgesetzten Figuren durch Erosion zerstört worden sind ; so zerfällt insbesondere der Granit Korn um Korn (viele Menhire aus heute verwittertem Granit dürften etliche Zentimeter eingebüßt haben). Wieder andere waren möglicherweise bemalt oder dienten einem Flechtwerk aus Gerten oder Fasern als steinernes Rückgrat. Eines aber steht fest : Einige Megalithdenkmäler weisen heute noch Gravierungen - fünf Schlangen in Le Manio bei Carnac (Morbihan) - oder Reliefs auf - geschäftete Äxte in Saint-Denec bei Porspoder (Finistère), Krummstäbe in Kermarquer bei Moustoirac (Morbihan). Der große zerbrochene Menhir von Locmariaquer zeigt eine sehr verwitterte gestielte Axt oder Pflug-Axt.

Jüngst konnte man beweisen, daß die Überlieger der Grabstätten von Gavrinis, der Table-des-Marchand

Menhir von Le Cloître-Saint-Thégonnec (Finistère).

Menhire von Kergadiou bei Plourin-Ploudalmézeau (Finistère). Links im Hintergrund der liegende Menhir mit einer Gesamtlänge von 11 m. Der schöne aufrecht stehende Menhir ragt 9 m aus dem Boden ; blickt man wie hier auf seine Breitseite, erkennt man, daß seine Form vollkommen ist.

Der geneigte Menhir von La Tremblais bei Saint-Samson-sur-Rance (Côtes-d'Armor): Der Zapfen, der den Eingang zur Unterwelt verschließt, und von den heiligen Samson und Michael falsch eingeschlagen wurde. Die Quarzäderchen, die den Stein durchziehen, sind Spuren der Teufelskrallen. Obere Fläche und beide Seitenflächen lassen bei streifend auffallendem Licht Eingravierungen erkennen, die P.R. Giot am 22. August 1972 entdeckte: Krummstäbe und gestielte Äxte sowie ein Raster von großen Rechtecken. Die Motive in den Rasterfeldern sind schwerer zu deuten: u.a. sind jedoch "Pflug-Äxte" mit kleinen Tierfiguren davor gut erkennbar.

Links die "Krummstäbe" in Relief auf dem Menhir von Kermarquer bei Moustoirac (Morbihan).
Rechts die fast senkrecht eingravierten Schlangenmotive auf dem Fuß des Menhirs von Le Manio bei Carnac. Zwei Techniken des Gravierens von Ziermotiven auf Megalithdenkmälern.

sowie eines benachbarten Tumulus Teile einer etwa 14 m hohen Stele sind, auf der zwischen zwei geschäfteten Pflug-Äxten zwei Rinder zu sehen sind. Weitere Deckplatten in Locmariaquer, von denen einige verziert sind, sollen durch die Zerlegung ähnlicher Stelen entstanden sein.

Der schöne geneigte Menhir von Saint-Samson-sur-Rance (Côtes-d'Armor) zeigt auf der Gesamtheit seiner ebenen Oberseite einen Raster von Rechtecken, die nur noch bei streifend auffallendem Licht gegen Ende des Vormittags erkennbar sind ; in den Rasterfeldern entdeckt man Krummstäbe und geschäftete Axt-Pflüge, die, wie wir nicht ohne Verwunderung feststellen, von Tieren gezogen zu werden scheinen. Auf den Seitenflächen erkennt man das Ende der Rasterlinien sowie Krummstäbe und gestielte Äxte. Die Erosionsschäden erschweren das Lesen dieser Motive und die Krümmung des Steines erlaubt es nicht, sie gleichzeitig zu entziffern.

Viel häufiger sind auf Steinen jeden Alters, einzeln oder in Gruppen, die Schälchenformen anzutreffen. Vielleicht sind diese jedoch nur das Ergebnis natürlicherVorgänge.

Keinesfalls darf man die eigentlichen Megalithe mit den Stelen verwechseln, die eindeutig geometrische Formen aufweisen, und in der ganzen westlichen Bretagne verbreitet sind. Diese Stelen stammen aus der Eisenzeit und wurden häufig christianisiert.

STEINGEHEGE UND STEINALLEEN

Die Steingehege

Bei den umfrangreicheren Menhirkomplexen unterscheidet man zwei große Kategorien, die Alignements (Steinalleen) und die Enceintes (Steingehege), die manchmal zusammengehören. Die Felsblöcke dieser Steingruppen sind in der Regel nicht so mächtig wie einzeln stehende Menhire, und meistens sind sie weitgehend unbearbeitet geblieben. Wenn man alten Schilderungen Glauben schenken darf, wurden diese Steingruppen einst durch Erdaufschüttungen und Böschungen vervollständigt, da diese aber vergänglich sind, sind sie zumeist verschwunden. Noch ist unklar, ob sie bei der Errichtung der Steine eine Rolle spielten, oder umgekehrt, ob einzelne Böschungen, die Felder gegeneinander abgrenzten, nicht etwa Überreste von störenden Steinreihen zudeckten, wie dies auch heute häufiger der Fall ist.

Die echten Megalithgehege sind in Armorika eine recht seltene Erscheinung. Man darf sie nicht mit den Platten verwechseln, die einen Tumulus oder einen Grabhügel einfrieden. Man kann sich fragen, ob die merkwürdige, elliptische Enceinte aus dicht aneinanderstehenden Steinen, die Prof. Giot unter dem neolithischen Tumulus von Tossen-Keler bei Penvenan (Côtes-d'Armor) entdeckt hat und die in einem Garten am Quai von Tréguier wiederaufgebaut worden ist, ursprünglich nicht vielleicht unter freiem Himmel stand. Bei der Errichtung dieses Geheges wurden einige Steinplatten wiederverwendet, die offenbar aus zerstörten Megalithgräbern stammten. Die Tatsache, daß das östliche Ende der Enceinte möglicherweise zerstört ist, täuscht nicht über ihren relativ geometrischen Grundriß hinweg. Es gibt Enceintes in viereckiger Form, die Formation von Le Manio bei Carnac aber stellt zweifellos die Einfriedung eines Grabhügels dar. Das Gehege von Crucuno bei Erdeven (Morbihan) ist genau nach den vier Himmelsrichtungen ausgerichtet, seine Diagonalen nach den Sonnenauf- und -untergängen ; man kann nur hoffen, daß diese Ausrichtung nicht das Ergebnis einer allzusehr vom Wunsch nach Systemhaftigkeit beseelten Restaurierung ist. Steinkreise, wie man sie auf den britischen Inseln sehr häufig findet, kommen auf dem Kontinent kaum vor. Mit großer Wahrscheinlichkeit jedoch sind sie in Armorika durch die beiden eiförmigen bzw. abgeflachten, einander berührenden Kreise auf der Insel Er-Lannic bei Arzon (Morbihan) vertreten, deren Form bei der Restaurierung möglicherweise verändert wurde. Der eine Kreis ist gegenwärtig gänzlich, der andere zum Teil überflutet, da seit dem Ende der Eiszeit der Meeresspiegel ständig gestiegen ist. Es wurden zahlreiche Spuren eines megalithischen Gewerbe- und Kulturlebens entdeckt, die in unmittelbarem Zusammenhang mit diesem Steinkreis stehen. Alles in allem ist man über die relativ geringe Anzahl von erhaltenen oder vermuteten Gehegen verwundert, selbst dann, wenn man bedenkt, daß die Holzgehege spurlos verschwunden sind - zumindest ohne für uns erkennbare Spuren zu hinterlassen. Man muß davon ausgehen, daß sie durch spätere Kulthandlungen vernichtet wurden.

Das Viereck von Crucuno.

Ein Teil des Halbkreises von dicht beieinander stehenden Menhiren im Alignement südlich des Dorfs Saint-Pierre-Quiberon (Morbihan).

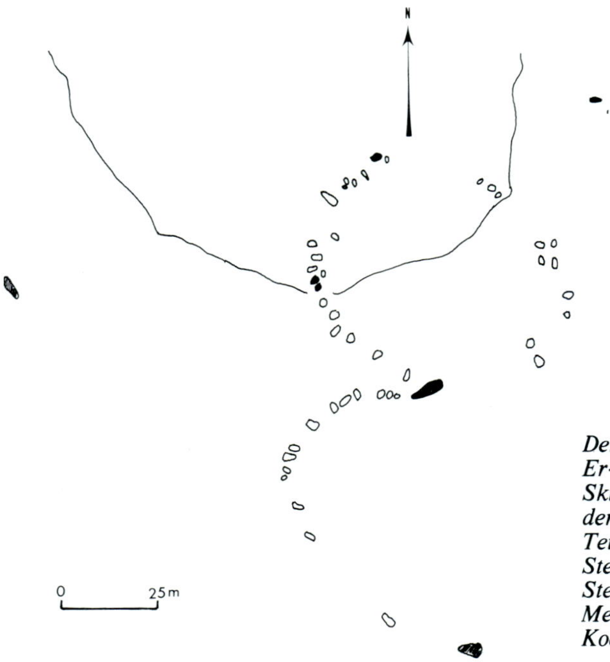

Der aus dem Wasser ragende Menhirkreis von Er-Lannic im Golf von Morbihan (Luftaufnahme). Skizze der beiden sich berührenden Kreise vor der Restaurierung des aus dem Wasser ragenden Teils. Über die ursprüngliche Anordnung der Steine bestehen Zweifel. Der am tiefsten liegende Stein befindet sich heute 1 m unter dem Meeresspiegel bei Niedrigwasser mit hohem Koeffizienten.

Die Steinalleen von Ménec bei Carnac, vom westlichen Ende aus gesehen. Man sieht im Vordergrund die letzten Steine der Bogensehne des Halbkreises, in deren unmittelbarer Nähe das Dorf entstanden ist. Am oberen Rand des Fotos erkennt man eine Orientierungsänderung (etwa in der Mitte des Steinfeldes).

Die Steinalleen

Man kann zwei große Gruppen von Megalithalignements unterscheiden. Zunächst sind hier die großen Felder, die von mehreren parallelen Reihen von Menhiren oder Felsblöcken von abnehmender Größe gebildet werden, zu erwähnen. Bei vollständig erhaltenen Alignements scheinen die Felsblöcke auch am entgegengesetzten Ende wieder größer zu werden. Wirklich vollständige Megalithkomplexe gibt es heute jedoch nicht mehr. Bei den am besten erhaltenen gehen die Reihen senkrecht von der Bogensehne eines ovalen Geheges aus dicht stehenden Menhiren aus.

Dies gilt zumindest für die berühmtesten Monumente dieser Art, die von Carnac. In Menec gibt es offiziell noch 1169 Menhire. Vom Oval, das zum Teil zwischen den Häusern und Gärten des Dorfes zerstreut liegt, sind 70 Steine übriggeblieben ; die restlichen 1099 Menhire bilden 11 Reihen, die sich bei einer durchschnittlichen Gesamtbreite von 100 m auf 1167 m Länge erstrecken. Die 11 Reihen führen zu den verwahrlosten Resten eines zweiten ovalen Geheges, von dem 25 Steine noch erhalten sind. Mitten im Feld machen die Steinreihen einen eindeutigen Knick. In Kermario sind noch 982 Steine erhalten (zuweilen hat man bis 1029 Menhire gezählt...), sie stehen in 10 Hauptreihen von 1120 m Länge und einer mittleren Gesamtbreite von ebenfalls 100 m ; im Detail erkennt man zahlreiche Abweichungen vom geradelinigen Verlauf, sowie einige Teilreihen und sogar eine Querreihe. Vom westlichen Oval dieser Steinallee ist jedoch außer einer freien Fläche nichts erhalten geblieben ; was das gegenüberliegende Ende angeht, so verfügen wir über keine Hinweise. In Kerlescan sind noch 594 Menhire vorhanden, davon 39 im westlichen Ovalgehege (von einigen anderen hat man die Löcher nachweisen können, in denen sie verkeilt waren) und 555 in 13 Reihen von 880 m Länge und 139 m Breite im Hauptteil, der von einigen nicht ganz lückenlosen Reihen, dem sogenannten Alignement von Petit-Menec, die in einer neuen Richtung verlaufen, verlängert wird. Diese drei Steinalleen schließen aneinander an in Abständen von etwa 250 bzw.

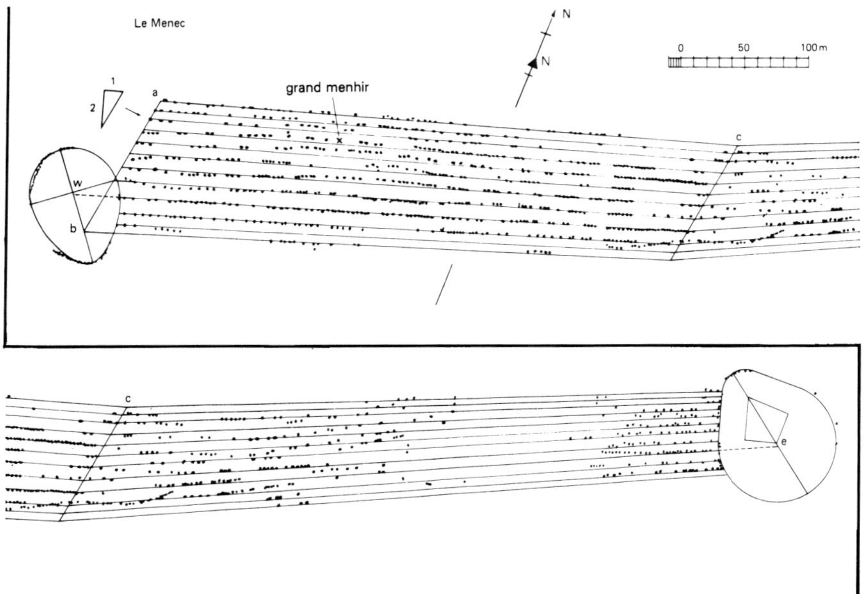

ALIGNEMENTS VON MENEC.
Plan nach A. THOM.

Das kleine Alignement von Saint-Denec bei Porspoder (Finistère) besteht aus zwei aufrecht stehenden und zwei liegenden Menhiren. Auf dem Stein im Vordergrund erkennt man zwei grob gearbeitete gestielte Äxte in Relief.

Überreste des "Alignement des Demoiselles" bei Langon (Ille-et-Vilaine) : die versteinerten Tänzerinnen.

Eine Reihe aus dem Alignement "Steinerne Hochzeit" bei Brasparts (Finistère) – auch hier versteinerte Tänzer.

Die Alignements von Lagatjar bei Camaret (Finistère) bestehen aus drei sich schneidenden Steinreihen.

400 m, wobei sie jedoch ihre Richtung ändern. Um auf eine oft gestellte Frage zu antworten : Die Steine, von denen man weiß, daß sie in jüngerer Zeit wieder aufgerichtet wurden, hat man an ihrer Basis mit einem kleinen quadratischen, mit rosafarbenem Zement gefüllten Loch gekennzeichnet.

Es gibt im Morbihan, in der Umgebung von Carnac noch andere bedeutende Steinalleen. In Kerzehro bei Erdeven sind 1129 Steine in 10 Reihen im Hauptteil erhalten, neben einzeln stehenden, die anders orientiert sind. In Sainte-Barbe bei Plouharnel und Le Moulin bei Saint-Pierre-Quiberon gibt es außer Menhirreihen auch noch Überreste eines Ovalgeheges. In Kergonan auf der Ile-aux-Moines ist allein der ovale Teil erhalten.

Auf Komplexe mit mehreren Menhirreihen trifft man jedoch nicht nur in der Umgebung von Carnac. Man findet sie auch in anderen Gegenden der Bretagne, so zum Beispiel in Pleslin (Côtes-d'Armor) und in Langon (Ille-et-Vilaine) ; das Menhirfeld von Penmarc'h (Finistère), das noch vor 150 Jahren aus fast 500 Steinen bestand, ist heute fast völlig zerstört. Auf den britischen Inseln sind zahlreiche Gruppen mit nur zwei parallelen Reihen bekannt ; Alignements dieser Art hat es auf dem Festland allem Anschein nach nicht gegeben.

Einfache Steinalleen, die entweder nur aus einer Reihe bestehen oder aus mehreren Reihen, die in verschiedene Richtungen weisen und sich daher schneiden, sind in ganz Armorika weit verbreitet. Von den meisten sind nur noch einige wenige Steine erhalten, so zum Beispiel im bergigen Land Montagnes Noires, wo die Alignements in einem besonders schlechten Zustand sind (am sehenswertesten ist die Gruppe Tri Men, "die drei Steine", bei Saint-Goazec). Zu den eindrucksvollsten Steinreihen gehören die beiden süd-östlich vom Berg Saint-Michel-de-Brasparts (Finistère) gelegenen und die restaurierten Alignements von Lagatjar bei Camaret (Finistère), wo die drei sich schneidenden Reihen deutlich erkennbar sind. Jüngste Ausgrabungen in Le Moulin de Cojoux bei Saint-Just (Ille-et-Vilaine), wo Elemente von zwei sich schneidenden Reihen erhalten sind, haben ergeben, daß auf der Südseite Holzpfosten in Verbindung standen mit kleinen, aufrecht stehenden Steinen und so einen Komplex von sukzessiven Strukturen bildeten. In unmittelbarer Nähe entdeckte man eine weitere Reihe von aufrecht stehenden Steinen, die in

Steinreihe von Grand-Resto und Kersolan bei Languidic (Morbihan) – ein Megalithkomplex in sehr schlechtem Zustand.

Zwei Menhire aus der Querreihe nördlich von Kerzerho bei Erdeven (Morbihan).

Eine der beiden Steinreihen von Moulin-de-Cojoux bei Saint-Just (Ille-et-Vilaine), nach Ausgrabungen und Restaurierung : Die Menhire sind hier in einen Unterbau aus Schotter eingelassen, der über sehr alten Feuerstellen liegt.

"Steinpaar" : großer (7,50 m) und kleiner Menhir von Pergat bei Louargat (Côtes-d'Armor). Am Boden : natürliche Felsblöcke sowie liegende Menhire.

einen länglichen Unterbau aus Schotter eingelassen war, eine Art Damm oder sehr niedrigen Tumulus, der über mit Steinplatten ausgelegten Feuerstellen lag. Ihre Entstehungszeit konnte mit der Radiokarbonmethode auf 5000 bis 4000 Jahre vor Christus datiert werden - zu dieser Zeit waren möglicherweise bereits einige Menhire errichtet worden. Die Untersuchung einer Feuerstelle unter den Alignements von Kersolan bei Languidic (Morbihan) ergab einen um etliche Jahrhunderte jüngere Entstehungszeit.

Überall in Westeuropa, wo es Menhire gibt, findet man auch Steinreihen ; diese waren ursprünglich allerdings umfrangreicher als zum gegenwärtigen Zeitpunkt.

Zwei Menhire reichen aus, um eine Richtung zu markieren ; findet man mehr als zwei, so ist dies schon fast zuviel : Es erschwert nur die Arbeit und kann sogar zu Ungenauigkeiten führen, um so mehr, als sich die Vertikale eines dickeren, aufrecht stehenden Felsblocks nicht eindeutig bestimmen läßt. Das Problem der Ausrichtung der Megalithdenkmäler, das man seit mindestens einem Jahrhundert zu lösen versucht, wurde immer wieder durch wenig fundierte, den Boden der Tatsachen verlassende Arbeiten kompliziert. Dies führte dazu, daß auch die ernst zu nehmenden Arbeiten, die auf weniger fragwürdigen Tatsachen beruhen, leider jedoch nicht immer vorsichtig genug formuliert sind, in allgemeinen Mißkredit gerieten. Zunächst glaubte man, am Sonnenkalender orientierte Ausrichtungen unterscheiden zu können : Ausrichtungen nach den Sonnenwend- und Äquinoxialpunkten ; dann wiederum vermutete man auf gut Glück eine Beziehung zu Mond und Sternen, und selbstverständlich stellte man hier und da einen solchen Zusammenhang auch annähernd fest. Es mag dergleichen Ausrichtungen wohl gegeben haben, nur werden sie lange nicht so genau gewesen sein, wie man es sich vorstellt. Gewissen, noch unlängst hoch im Kurs stehenden Hypothesen zufolge handelte es sich bei den Steinalleen um Teile großer Observatorien, mit denen man Mond- und Sonnenfinsternisse vorhersagte. Trotz sehr spitzfindiger Argumentationen hat man bis jetzt nichts schlüssig beweisen können. Dies gilt auch für die Übertragung gewisser Längeneinheiten, geometrischer Figuren oder geodätischer Verfahren auf die Anordnung der Steine. Geht man von angenäherten Werten aus, so ist es nur allzu leicht, scheinbare Übereinstimmungen festzustellen, die jedoch nichts beweisen. Die verfügbaren Angaben können uns letzlich keine klare Vorstellung davon geben, aus welchem Grund die Steine tatsächlich errichtet wurden. Die Menhire sind auch weiterhin geheimnisumwoben. Es ist vielleicht besser so, denn wären sie uns wohl noch immer so sympathisch, wenn wir durch seltsame Entdeckungen der weltweiten vergleichenden Ethnologie Gräßliches über sie erführen - wenn dieses vermutlich auch nichts gemein hätte mit den grausigen Kulten, die den Steinen vor ein paar Jahrhunderten zugedichtet wurden - ? Deshalb hat man wohl auch, übrigens sehr zu Unrecht, die Menhirforschung weitgehend vernachlässigt. Bisweilen hat man versucht, die Anordnungen der Steine, ausgehend von einem vergleichenden Studium der uns heute noch bekannten Sagen, zu deuten, doch ohne dabei zu sehr aufschlußreichen Ergebnissen zu kommen. Die Sagen hätten nur bei einer größeren Kontinuität der aufeinanderfolgenden Völkerschaften Bedeutsames überliefern können. Wir können nur die einfache Schlußfolgerung ziehen, daß wir es mit religiösen Denkmälern zu tun haben. Diese sehr ungenaue Bezeichnung zu wählen, fällt uns nicht schwer, denn so können wir unsere Unwissenheit überspielen. Die aufrecht stehenden Steine standen in enger Beziehung mit einem Götterkult und warum nicht schlechthin mit dem wichtigsten Wahrzeichen der Gottheit bei Urvölkern und Menschen früher Kulturen : der Sonne, die täglich stirbt und wieder aufersteht. Verschiedene Umstände weisen darauf hin daß die Sonne tatsächlich eine herausragende Rolle im Pantheon der Erbauer der Megalithdenkmäler gespielt hat. Aber wir dürfen nicht außer Acht lassen, daß auch der Mond eine wichtige Funktion in den frühgeschichtlichen Kalendern hat, die im allgemeinen, wie das Vorhandensein der Einheit Mondmonat zeigt, zugleich Mond- und Sonnenkalender sind. Mond- und Sonnenfinsternisse, aufsehenerregende, wenn auch seltene Ereignisse, vorausberechnen zu können, hätte in der Tat das Ansehen der Priesterklasse erhöht ; wahrscheinlich wurde die Wahrsagekunst von ihr hochgeschätzt, erfreuten sich Hellseher und Fürbitter doch in allen Gesellschaften allgemeiner Achtung. Nicht zuletzt ließ die aus bestimmten Perspektiven äußerst suggestiv erscheinende Form vieler Menhire ebenso wie die ähnlicher aufrecht stehenden Steine in Afrika oder Asien vermuten, daß sie gleichzeitig Symbol der Fruchtbarkeit waren ; als solches könnten sie in Beziehung gesetzt werden zur Sonne, der Urheberin allen Seins.

DIE MEGALITHGRÄBER

Das zweite bedeutende Element in der Religion der vorgeschichtlichen Völker bildete - wie bei allen Völkern - der Totenkult. Häufig soll die Verehrung der Verstorbenen zugleich Schutz gegen den Fluch der Toten verleihen. Jene Megalithdenkmäler, die als Gräber oder zumindest als Beinhäuser dienten, waren dem Totenkult und den mit ihm in Zusammenhang stehenden Tätigkeiten geweiht. Zum Teil sehr eindrucksvolle Monumente, Indizien für zuweilen prunkvolle Bestattungsriten, daneben aber auch viel bescheidenere Gebräuche bezeugen den Glauben, wenn nicht an die Unsterblichkeit schlechthin, so doch wenigstens an eine Seelenwanderung oder an eine Reinkarnation, und lassen die Überzeugung erkennen, daß die Toten über heil- oder unheilbringende Macht verfügen. Wenn auf den Wänden bestimmter Gräber zunächst in mehr oder weniger stilisierter Form, später in der Form eines groben Bildes eine andere Gottheit der Fruchtbarkeit, die Mutter-Gottheit oder die Große Göttin dargestellt ist, und wenn man außerdem in den Gräbern Gegenstände niederlegte, die auf der "großen Reise" und im Leben nach dem Tode die Bedürfnisse der Verstorbenen befriedigen sollten, so setzt dies die Vorstellung von einer Wiedergeburt nach dem Tode voraus. Die aufrecht stehenden Steine besaßen eine männliche und himmlische Dimension, die Megalithgräber hingegen gehörten eher zum Reich der Mutter-Erde und hatten wie die Höhlen und alles Unterirdische die Konnotation "weiblich".

Im Gegensatz zu den zeitgenössischen Bestattungsgebräuchen in Ost- und Mitteleuropa sowie im Mittelmeerraum, wo die Toten in isoliert stehenden oder in Nekropolen versammelten Einzelgräbern beigesetzt wurden - meist mit angezogenen Beinen in der der Fetallage verwandten Hockerstellung und nicht liegend - , erweisen sich die ersten Megalithgrabstätten, sofern das Gebein erhalten ist, als Gemeinschaftsgräber. Sie haben über mehrere Generationen hinweg einer ganzen Gemeinschaft als "Familiengrab" gedient, auch wenn nur besondere Mitglieder der Sippe hier bestattet werden durften. Eben dadurch gestaltet sich der Sachverhalt schwieriger als angenommen : Der einfache Begriff Grab ist zu ersetzen durch einen neuen Begriff : Totenhaus, Vorfahrenhaus oder Tempel der nährenden Erde, der im Mittelpunkt des Lebens einer ganzen Gemeinschaft von Menschen steht.

DIE MEGALITHGRÄBER IN IHRER VIELFALT

Im Gegensatz zum Einzelgrab, wo der Verstorbene in einer kleinen Grube liegt, die nach seiner Bestattung zugeschüttet wird, oder in Hockerstellung in einem Steinkasten, der etwa so groß ist wie ein neuzeitlicher Sarg, sind die Gemeinschaftsgrabkammern deutlich größer. Man kann zwei Hauptgruppen neolithischer Grabkammern unterscheiden :

I. *Die Grabhöhlen,* natürliche Höhlen, die man ihrer Verwendung entsprechend hergerichtet hat. Hier wäre, so nahm man einst an, der Ursprung der gesamten Grabarchitektur zu suchen. In Ländern, in denen es keine natürlichen Höhlen gab, konnte man, wenn der Fels weich genug war (zum Beispiel aus Kreide wie in der Champagne), künstliche Höhlen schaffen. In der Bretagne sind weder natürliche noch künstliche Grabhöhlen bekannt. Wenn der Fels jedoch zu hart war, wurde, so dachte man zunächst, ein Hügel über einem künstlichen Gewölbe in der Form einer Höhle aufgeschüttet. Diese auf den ersten Blick so verlockende Erklärung muß leider verworfen werden, denn betrachet man das gesamte europäische Festland, so ergeben sich Schwierigkeiten chronologischer und geographischer Art. Das Gegenteil ist der Fall : Die Höhlengräber treten relativ spät auf und ahmen die viel älteren Megalithgrabstätten nach.

II. *Die Grabkammern,* die auf ebenem Boden aus Felsblöcken errichtet und dann im allgemeinen mit Erde (*Grabhügel* oder *Tumulus*) oder mit Steinen (*Cairn)* bedeckt wurden, so daß sie, derart verschlossen, in gewisser Weise einer Höhle glichen. Architektonische Einzelheiten, die Verwendung von Steinplatten oder -blöcken, der Grundriß und die Ausführung verraten eine enge Verwandtschaft mit den uns in manchen Gegenden wohlbekannten Holz-, Flechtwerk- oder Strohlehmhäusern ihrer Erbauer. Während die Behausungen der Lebenden nicht von Bestand waren, dies auch nicht sein sollten, dafür aber einen gewissen Komfort boten, waren die Totenhäuser für die Ewigkeit bestimmt.

Wenn an Ort und Stelle oder in der Nähe Felsgestein vorhanden ist, haben die künstlichen Kammern zumeist ein inneres Gerüst aus großen Steinplatten, und so gab man ihnen zu Recht den etymologisch nachvollziehbaren Namen *megalithische Grabkammern.* Das Gerüst kann aber auch ganz oder teilweise aus einem Verbund von keinen Steinen bestehen. Auch diese Grabmäler, die zur gleichen Kultur gehören wie die Gräber mit Gerüsten aus Steinplatten und bei denen die Gesamtmasse des angehäuften Materials von ähnlicher Größenordnung ist, werden heute als "megalithisch" bezeichnet, obwohl sie diesen Namen eigentlich nicht verdienen.

Bei der Beschäftigung mit den verschiedenen Gräberformen darf man die Anpassungsfähigkeit der Menschen bzw. ihren Konservativismus nicht außer Acht lassen : So hat man auch in Gegenden, wo es leicht gewesen wäre, künstliche Höhlen zu graben, darauf verzichtet. In anderen Gegenden hat man möglicherweise Holz verwendet, und sei es nur als Abdeckbalken. Bis auf seltene Ausnahmen sind davon freilich keine Spuren mehr vorhanden. Monumente, die uns heute unvollständig oder zerstört erscheinen, könnten solche Holzteile enthalten haben. In jedem Fall benötigte man große Mengen von Bauholz, viele Rollen, Gerüste und Hebel, um die Steinplatten in die gewünschte Position zu bringen. Landstriche, die im Verbreitungsgebiet von Megalithdenkmälern liegen und in denen man wider Erwarten keine derartigen Denkmäler findet, sind oft solche, in denen die natürlichen Gegebenheiten zeitlose Bautechniken nicht zuließen. Man hat, zumindest in der Bretagne, beobachten können, daß die Dichte der Menhire und Megalithgräber in direktem Verhältnis zur Bodenbeschaffenheit und zur Entfernung, in der die benötigten Materialien vorkommen, steht. In den Schiefergebieten des Landesinneren etwa findet man kleine Quarzmenhire ; wenn eine Steinkiste *(allée couverte)* erhalten ist, so weil die Megalithiker über harten, noch nicht verwitterten Schieferstein verfügten; nicht selten entdeckt man im Stein Spuren, die an das Zimmerhandwerk erinnern, denn Schiefer läßt sich in ähnlicher Weise wie Holz mit dem Querbeil bearbeiten.

Eine Reihe von Steintransporten ist geologisch unwiderlegbar zu beweisen : Der berühmteste und bedeutendste ist wohl der der Steinplatten eines der schönsten Denkmäler in der Bretagne, der Roche-aux-Fées bei Essé (Ille-et-Vilaine). Der Untergrund besteht dort aus präkambrischen Schiefern, die stark verwittert und wenig widerstandsfähig sind. Das Bauwerk selbst jedoch wurde aus rotem kambrischem Schiefer errichtet, der in 4,2 km Entfernung vorkommt; der Steinbruch lag aber wahrscheinlich noch weiter entfernt. In La Roche-aux-Fées wurden etwa vierzig Platten verwendet. Die Überlieger sind dabei besonders gewaltig : Sechs von ihnen erreichen jeder ein Gewicht von 40 bis 45 t. Ein solcher Transport mag uns heute eindrucksvoll erscheinen, doch wurden die Steine nur in die unmittelbaren Randzonen der an geeigneten Felsen reichen Gegenden gebracht.

Ob über kurze oder weite Strecken, das Verfahren dürfte zu Lande immer das gleiche gewesen sein : eine schiefe Ebene, Hebel, Rollen, Keile, Seile. Eine Zickzackbewegung, bei der wechselweise an beiden Enden des zu transportierenden Felsblocks gezogen

La Roche-aux-Fées bei Essé (Ille-et-Vilaine) : Dolmen mit Portikus, Vorraum und großer geteilter Grabkammer.

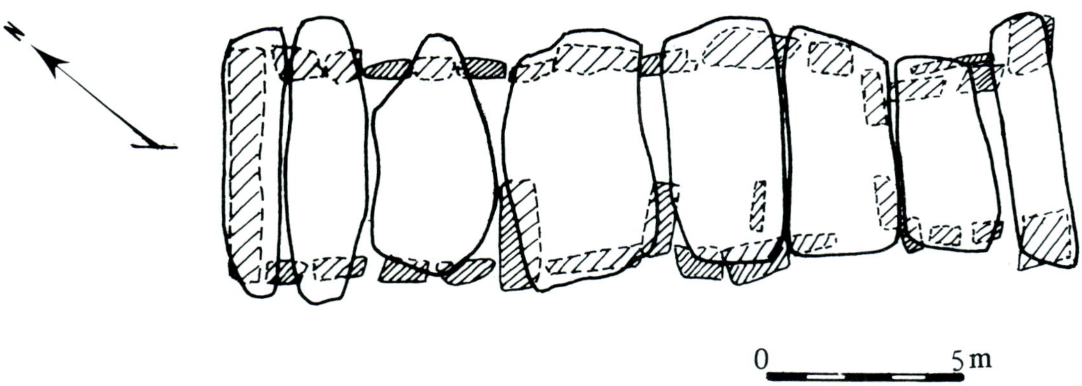

wurde, so daß dieser seitwärts von der Stelle rückte, ersparte die Mühe des Hebens ; man geht nicht anders vor, will man ein schweres Möbelstück bewegen, wenn es an Helfern fehlt. Um die Deckplatten in die gewünschte Position zu bringen, wurde ein Bauhügel bis zur Höhe der senkrechten Trägersteine aufgeschüttet. Einst stritt man lange darüber, ob ursprünglich alle Denkmäler von einem Erdhügel bedeckt waren, denn heutzutage stehen die meisten unter freiem Himmel und man sieht nur noch ihr Steinskelett. Wahrscheinlich sind natürliche Erosion, Feldbestellung und Wiederverwertung der Erde Gründe dafür, daß die Erdhügel abgetragen und die Steine bloßgelegt wurden ; was die Cairns betrifft , so dienten sie als Steinbrüche zur Gewinnung von Straßenschotter oder von Steinen, die zum Bau von Häusern und kleinen Feldmäuerchen verwendet wurden. In einigen Ausnahmefällen kann der zum Transport der Überlieger aufgeschüttete Hügel bzw. die Rampe auch gleich nach der Benutzung wieder abgetragen worden sein.

Zwar bauten die Megalithiker ihre Gräber für die Ewigkeit, aber ihre Nachfahren konnten nach einer gewissen Anzahl von Generationen solchen Hoffnungen skrupellos ein Ende bereiten und das Erbe der Vorfahren zerstören, indem sie ein Monument einrissen - so zum Beispiel die großen Stelen von Locmariaquer - und das Material bei der Errichtung anderer wiederverwendeten, die ihrerseits für die Ewigkeit bestimmt waren. Häufiger sind Denkmäler aus- und umgebaut, verändert und erweitert worden, nicht zuletzt deshalb, weil sie bisweilen reparaturbedürftig waren. In ihrer endgültigen Form konnten sie also sehr anders aussehen, als ursprünglich angelegt, was übrigens auch auf viele unserer mittelalterlichen Bauwerke zutrifft. Bei vielen großen Denkmalkomplexen wie dem Cairn von Barnenez bei Plouezoc'h (Finistère) war man darum bemüht, die ursprüngliche Architektur und die Einheit des Baus zu wahren. Es handelt sich ja nicht um bloße Steinhaufen, sondern um wahre Denkmäler.

Unter den architektonischen Zwängen sind die der Orientierung nicht zu übersehen, besonders bei den Menhirreihen. Die Eingangsöffnungen der Megalithgräber liegen nicht immer nach bestimmten Richtungen. Cairns mit strahlenförmig angeordneten Grabmälern sind uns in der Normandie bekannt. Aber in den meisten Fällen sind sie nach jenem Ausschnitt der Windrose ausgerichtet, der von den Himmelsrichtungen Südwesten und Osten begrenzt wird, eine windgeschützte und sonnige Lage ; bisweilen blickt die Öffnung aber auch auf Landschaften, welche die Grabstätte überragt und gleichsam schützt.

Man hat bei den Megalithgräbern zahlreiche Bauformen unterschieden, die man nach mehr oder weniger künstlichen Kriterien verschiedenen Typengruppen zuordnen kann ; allzu gerne bezeichnete man sie in der Vergangenheit mit Namen, die meistens nicht sehr passend waren und die man heute gerne ersetzen würde, ließe das Lähmende der Gewohnheiten dies zu. Denkmäler mit vergleichbaren Strukturen sind fast überall auf der Erde bekannt. Sie können aus allen Epochen der letzten Jahrtausende stammen, gehören zeitlich also nicht zueinander und sind auch sonst nicht unbedingt miteinander verwandt.

In Europa selbst bilden die megalithischen und artverwandten Grabstätten eine weitgehend homogene Gruppe, innerhalb derer man vergeblich nach einem übergreifenden Schema der Abhängigkeiten, der Chronologie und geographischen Verbreitung sucht ; dies ist nur auf lokaler und regionaler Ebene möglich. Es kam zu endlosen Diskussionen über die Frage, ob die verschiedenen regionalen Gruppen oder die unterschiedlichen Megalithtypen voneinander unabhängige Ursprünge oder im Gegenteil eine gemeinsame Wurzel hätten. Zu einer gewissen Zeit waren die Forscher fast einstimmig der Meinung, die megalithische Tradition müsse irgendwo im östlichen Mittelmeerraum ihren Ursprung haben ; von hier aus habe sie dann auf das westliche Mittelmeer übergegriffen, um sich schließlich auch in Westeuropa zu verbreiten. Die chronologischen Daten, über die wir heute verfügen, zeigen, daß diese Annahme falsch ist. Vor über 6000 Jahren war die Megalithkultur Westeuropas bereits knapp 1000 Jahre alt und in voller Entwicklung. Die Megalithkultur ist eine westeuropäische, ja eine atlantische "Erfindung", die dem Osten nichts zu verdanken hat.

Die "Altertumsforscher" aus dem 18. Jahrhundert haben zur Bezeichnung dieser Grabmäler den Begriff *dolmen* (bretonisch *taolmen,* "Steintisch") geprägt, denn eines beeindruckte sie : die oft gewaltige Hauptdeckplatte vieler Monumente. Man darf jedoch nicht vergessen, daß es immer mehrere Überlieger gibt und daß sich dort, wo wir den größten vermuten, oft nur ein Gewölbe aus kleinen, sich überlappenden

Steinen findet ; der beste Gebrauch, den wir heute von dem traditionellen Begriff *dolmen* machen können, besteht darin, ihn global auf alle Megalithgräbertypen anzuwenden. Hätte man auf ein passenderes Wort zurückgreifen wollen, so wäre *lia, liac'h, lia-ven* vorzuziehen gewesen, obwohl die Etymologie des Wortes (vgl. walisisch *llech*) uns nicht zufriedenstellen kann.

Nach der traditionellen Klassifikation umfaßt eine erste Gruppe jene Monumente, die ältesten im allgemeinen, die man gewöhnlich als *Gangdolmen (dolmen à couloir)* bezeichnet : die wesentlichen Bestandteile dieser charakteristischen Form sind eine runde, viel- oder rechteckige Kammer und ein Gang (auch Galerie oder Korridor genannt), der zu dieser Kammer führt. Der Gang ist entweder so lang wie die Kammer selbst oder wesentlich länger. Stehen solche Grabstätten für sich, so gehören sie zum Typ mit kurzem Gang und sind in oft mächtigen und hohen, runden oder viereckigen Cairns oder Erdhügeln eingeschlossen. Es können aber auch mehrere beieinanderliegen in großen Cairns, deren Form von der Verteilung der Gräber abhängig ist, die nebeneinander oder strahlenförmig angeordnet sein können. Die Denkmäler dieser ersten Gruppe sind an der Süd- und Westküste der iberischen Halbinsel verbreitet, neben künstlich geschaffenen Höhlen mit gleichem Grundriß ; man findet sie auch im Poitou und in großer Zahl an der Südküste Armorikas, ferner überall längs der Küste bis zur Niedernormandie, ebenso in mehreren Gebieten des Westens und Nordens der britischen Inseln und Irlands, in Nordeuropa von den Niederlanden bis hinauf nach Skandinavien. Jüngere Formen des Gangdolmens kommen häufig in den Pyrenäen, in Katalonien, im Languedoc, in der Provence und in den Causses (südliches Zentralmassiv) vor : Diese Grabstätten

P.-R. GIOT

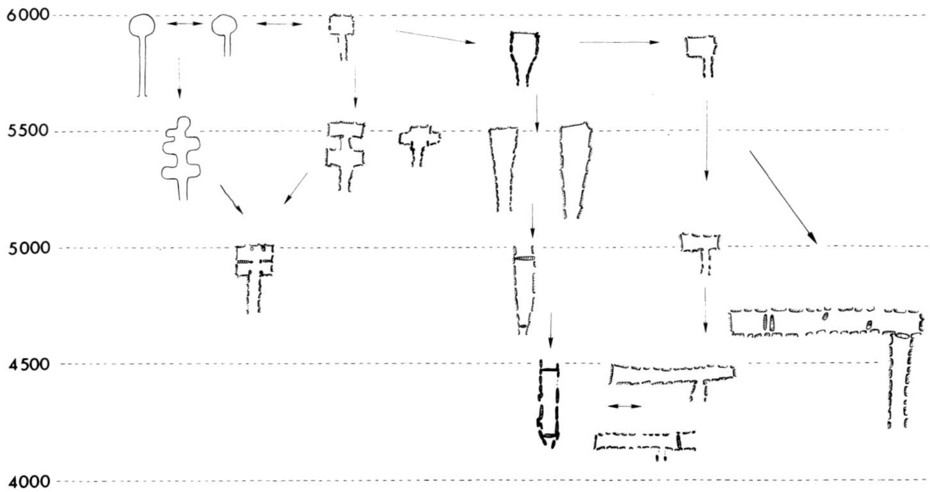

Versuch eines übergreifenden Schemas der typologischen und chronologischen Beziehungen (von heute aus gerechnet) zwischen den wichtigsten Typen von Megalithgräbern in Armorika. Links oben Gangdolmen, mit langem und kurzem Gang, mit kreisförmigen Kammern aus Trockensteinen, aus denen sich möglicherweise Grabformen mit Seitenkammern entwickelt haben. Von den quadratischen und vieleckigen Kammern aus Steinplatten lassen sich wahrscheinlich Formen mit Querkammern und später mit geteilten Kammern ableiten. Die Entdifferenzierung zwischen Kammer und Gang führt zu V-förmigen Arten und zu den Steinkisten. Wird der Gang durch eine Verlängerung der Seitenkammer dezentriert, so treten die Dolmen in Ellenbogenform oder die Steinkisten mit seitlichem Eingang auf.

gehören eigentlich zur zweiten Gruppe.

Diese zweite Gruppe umfaßt jene Grabmäler, deren typische Struktur durch eine Verlängerung der oftmals geteilten Kammer geprägt ist. Sie sind in länglichen Erdhügeln eingeschlossen (häufig nur niedrige Bau- oder Stützhügel), die sie nicht einmal ganz bedecken. Dem jüngsten Typ hat man den Namen *allée couverte*(1) gegeben, eine ziemlich unglückliche Bezeichnung, da eine Reihe dieser Grabstätten nichts als einfache Gräben im Boden sind, die wahrscheinlich nie mit einer Abdeckung versehen waren. In der Bretagne hat es fast nur die klassischen Allées couvertes gegeben. Außerhalb Armorikas findet man Steinkisten im westlichen Teil Zentralfrankreichs, im Pariser Becken, in Belgien, in einigen Gegenden unweit des Rheins wie Hessen und Südwestfalen sowie in Südschweden. Mit ihnen verwandt sind Gräber in der Franche-Comté und in den angrenzenden Gebieten mit besonderen Formen, die

(1) Buchstäblich: "gedecker Gang"; auf deutsch: " Steinkiste", "Steinkistengrab".

Ein Teil der eingravierten Motive auf der Stele, die im Cairn von Mané-er-Hroek bei Locmariaquer (Morbihan) wiederverwendet wurde : geschäftete Äxte, U-Motive und wappenförmige Kartusche.

Dolmen mit Seitenkammern von Mané-Groh bei Erdeven (Morbihan).

Steinkammer von Kercadoret bei Locmariaquer (Morbihan).
Erdhügel mit Dolmen in Ellenbogenform von Kerners bei Bono (Morbihan).

die der zeitgenössischen Häuser aus der Gegend treu nachahmen.
Selbstverständlich lassen sich zahlreiche Spielarten der Megalithdenkmäler nur schwer der einen oder anderen Gruppe dieses Schemas zuordnen, das alles in allem nicht unumstritten ist. So gibt es sehr interessante Übergangs-, Zwischen- und Zwitterformen. Von Interesse sind in diesem Zusammenhang nicht nur der typologische Wandel oder die Funktionsänderungen bestimmter Denkmäler im Verlauf ihres langen aktiven Lebens : Man darf nicht vergessen, daß sich die Megalithkultur selbst während ihrer etwa 2500 Jahre dauernden Blütezeit immer weiter entwickelt hat. Darüber hinaus gibt es zahlreiche geographische Varianten.

So können sich zum Beispiel zusätzliche Kammern an die Gräber anschließen. Neben den eigentlichen megalithischen Gemeinschaftsgräbern findet man ferner Gruppierungen von Steinkästen - Steinplatten, die einen Leichnam in Hockerstellung halten - ; sie bildeten vor allem gegen Ende der Bauperiode der Allées couvertes kleine Friedhöfe aus Einzelgräbern. Längliche, niedrige Erdhügel im Landesinneren (bei Saint-Just im Département Ille-et-Vilaine, Néant-sur-Yvel im Morbihan, Le Quillio unweit der Kapelle Notre-Dame de Lorette in den Côtes-d'Armor) oder an der Küste (rund um Le Manio bei Carnac sowie bei Guérande in der Loire-Atlantique) gehören zu einer Familie von Langgräbern aus dem Neolithikum, auf deren Vertreter man in Nord- und Osteuropa bis nach Polen hin stößt. In Armorika erinnern bestimmte Merkmale dieser Langgräber an die Megalith-bautechnik, so zum Beispiel die Begrenzung des Hügels durch eine umlaufende, rechteckige Einfassung aus kleinen, senkrecht oder geneigt, immer jedoch dicht nebeneinander aufgestellten Steinplatten, die ein Gefüge aus Holzpfählen ersetzt, wie es in anderen Gegenden anzutreffen ist.

Schließlich werden in der frühen und mittleren Bronzezeit, zur Zeit, da die Errichtung megalithischer Gemeinschaftsgräber zu Ende geht und wohl auch noch nach ihrem Verschwinden, in der Bretagne zahlreiche Hügelgräber mit Einzelkammern erbaut. Der prägende Einfluß der Megalithbautechnik schlägt sich darin nieder, daß die Gräber nicht mehr unter-, sondern überirdisch angelegt und die Steinkästen zum Teil nicht mehr so tief in den Boden eingelassen werden wie zuvor. Tragen die Gräber aus der Bronzezeit auch die Merkmale der verschiedenen Bautechniken aus dem Neolithikum (Steinplatten, die zum Teil sehr schwer sind und in großer Entfernung gebrochen wurden ; Trockenmauern), dürfen sie doch nicht mit den wirklichen Megalithgräbern verwechselt werden.

Langgrab von Liscuis.

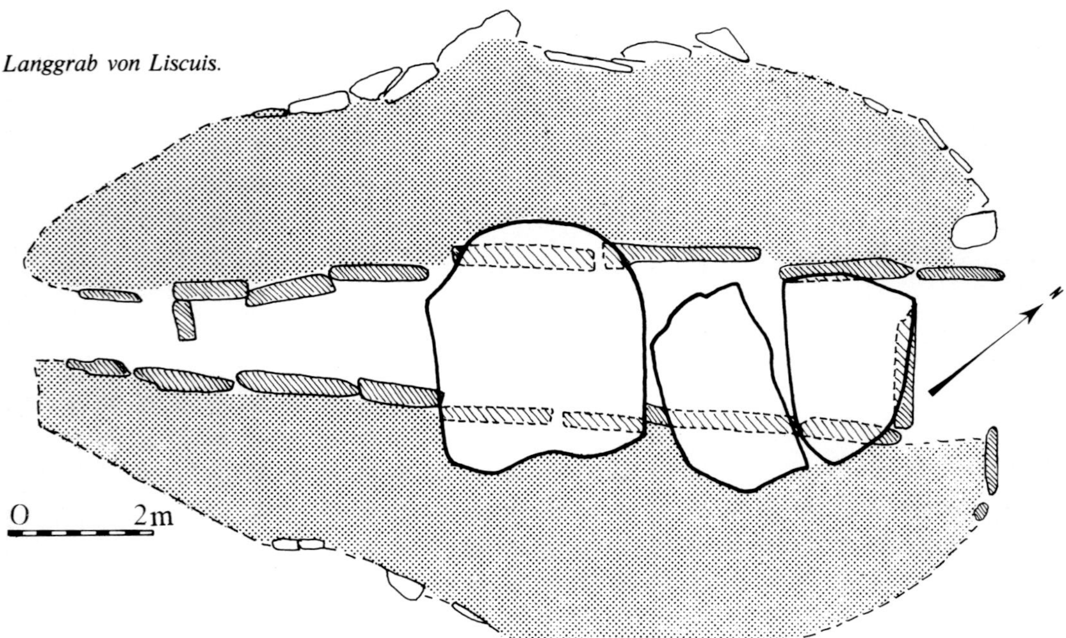

Allée couverte arc-boutée von Castel-Ruffel bei Saint-Goazec (Finistère).

Die Steinkiste Nr. I von Liscuis bei Laniscat (Côtes-d'Armor) und die Überreste der Erdaufschüttung. Im Vordergrund Apsisplatte. Mit seinem V-förmigen Grundriß gehört das Grabdenkmal eindeutig zu den Gangdolmen.

GANGDOLMEN IN DER BRETAGNE

Betrachten wir nun die erste Gruppe, die der Gangdolmen und der von ihnen abgeleiteten Formen. Sie sind in den Charentes, im Poitou und in der Vendée zahlreich anzutreffen, einige wenige findet man an der Küste der Loire-Atlantique. Im Pays de Retz südlich der Loire gab es rund um Pornic eine Reihe von bemerkenswerten Grabdenkmälern dieses Typs ; erhalten ist von diesen der Cairn von Mousseaux, der zwei Grabmäler mit Querkammern und dreifacher, trapezförmiger Mauer einschließt. Überreste von artverwandten Grabstätten finden sich auch bei Clion. Bei Herbignac nördlich der Loire liegt am Rande des Brière-Gebiets ein weiterer Gangdolmen mit Querkammer, rund um die Brière andere vom klassischen Typ, so der von Kerbourg bei Saint-Lyphard. In Dissignac bei Saint-Nazaire liegen zwei schöne Gangdolmen der frühen Periode nebeneinander in einem komplexen Cairn, der ursprünglich von zwei konzentrischen Mäuerchen eingefaßt war ; später wurden die Gänge verlängert, zwei neue Steinmauern umgürten den ausgebauten Teil - so wirkt der Cairn äußerst eindrucksvoll.

Jenseits der Mündung der Vilaine findet man zahlreiche Megalithgräber auf der Halbinsel von Rhuys, an den Ufern des Golfs von Morbihan sowie auf dessen Inseln. Hier liegt auch der große, fast zirkulare Tumulus von Tumiac bei Arzon, der nur zum Teil erforscht wurde : Seine verschiedenen Erdschichten bergen neben einer Anzahl von Steinkästen ein großes, verschlossenes Grabmal mitten im Cairn, der den eigentlichen Kern des Tumulus bildet. Dieser 15 m hohe neolithische Hügel, der höchste in unserer Gegend, enthielt eine sehr reiche Grabausstattung. Er gehört zu einer kleinen Gruppe von außerordentlichen Grabstätten an der Einfahrt zum Golf, die zeitlich mit den klassischen Gangdolmen zusammenfallen und von einer besonderen politischen und sozialen Situation zeugen- nicht zuletzt von materiellem Reichtum, wie Prestigegegenstände, Machtsymbole und die ostensible Größe des Denkmals zeigen. Artverwandte Grabstätten länglicherer und niedrigerer Form lagen auf vorspringenden Küstenabschnitten am Golf. Zum offenen Meer hin liegt das komplexe Denkmal von Petit-Mont bei Arzon : Der im Krieg beschädigte Megalithkomplex besteht aus einer Reihe von ineinandergebauten Cairns, die von mehreren konzentrischen Steinmauern eingefaßt sind. Der Cairn schloß zwei Gangdolmen ein - der östliche mit gravierten Trägern und einem Eingang aus zum Teil behauenen Steinen.

Dank seiner phantastischen Gravierungen gehört der Gangdolmen auf der Insel Gavrinis bei Larmor-Baden zu den Wundern dieser Welt, zumindest der megalithischen Welt. Bei der jüngst durchgeführten Restaurierung entdeckte man, daß der Überlieger der Grabkammer aus Locmariaquer stammt ; auch die Frontmauern wurden bei den Ausgrabungen freigelegt. Vor dem Eingang versperrten seit dem jüngeren Neolithikum Felsblöcke den Vorplatz, auf welchem einst in unsoliden Holzbauten Rituale vollzogen wurden. Man fand hier eine große Anzahl von Quarzsteinen, mit denen die Steinplatten abgeflacht und mit Gravierungen versehen wurden. Auf der benachbarten Ile-Longue, die der Öffentlichkeit nicht zugänglich ist, birgt ein weiterer Cairn die Überreste eines Dolmens mit langem Gang und kreisförmiger Kammer in schadhaftem Zustand, deren Mauern und Gewölbe aus sich überlappenden Trockensteinen bestehen- ein Beweis dafür, daß man auf diese Bautechnik zurückgriff, wenn man über keine ausreichend große Deckplatte verfügte. In einige Tragsteine des Gangs sind interessante Motive eingraviert.

Die Gangdolmen sind in diesem Küstenstrich im Morbihan so zahlreich, daß es einen nicht verwundert, daß ihre Erbauer auch das Hinterland um Vannes

Der Dolmen B im Cairn von Mousseaux bei Pornic ; nach links geht eine Querkammer ab. Die beiden Querkammern im Dolmen A bilden einen durchgehenden Quergang.

Die monumentale Fassade des Cairns von Dissignac bei Saint-Nazaire (Loire-Atlantique) mit den Eingängen der beiden nebeneinander liegenden Dolmen. Der nach außen verlängerte Teil der Gänge ist nicht gedeckt.

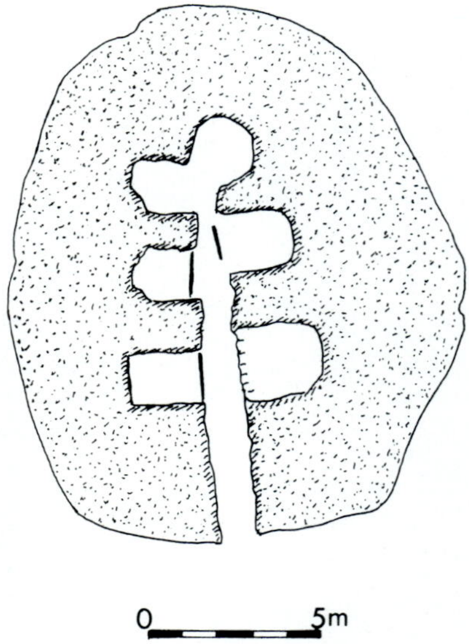

Der Gangdolmen aus Trockensteinen im zweiten Cairn von Larcuste bei Colpo (Morbihan) treibt Knospen in Form von Seitenkammern.

kolonisierten. Einige Megalithgrabmäler liegen verstreut auf dem Granitkamm Landes de Lanvaux. Die Verbindung mit dem Hinterland wurde, so nehmen die einen an, über die Täler der Vilaine und der Oust hergestellt, andere vermuten, daß das nahe gelegene Megalithgebiet im heutigen Morbihan eine ausschlaggebende Rolle spielte. Die beiden aneinanderliegenden Cairns von Larcuste bei Colpo sind besonders interessant, weil sie erst vor kurzem erforscht wurden : Cairn I birgt zwei klassische Gangdolmen und wird von einer doppelten Frontmauer eingefaßt ; der Dolmen von Cairn II besteht aus einem zentralen Gang mit Seitenkammern.

Zwischen der Einfahrt zum Golf von Morbihan und dem Fluß von Etel kommen die Gangdolmen in einer größeren Dichte als sonst irgendwo vor, vor allem im Gebiet Locmariaquer-Carnac-Quiberon (dieser Region ist eine eigene Monographie gewidmet) : Diese weit zerstreute Nekropole umfaßte wahrscheinlich mehrere hundert Gräber recht unterschiedlicher Bauweise, von denen gut hundert erhalten sind.

Der Boden der Dolmenkammern und -gänge ist in diesem Gebiet oft mit Steinplatten ausgelegt. Im Grundriß sind starke Abweichungen möglich. Der Dolmengang treibt gelegentlich Knospen in Form von Seitenkammern, die Kammer selbst in Form von Zellen. Eine extreme Form stellt der Gangdolmen in Ellenbogenform (geknicktes Ganggrab, *dolmen coudé)* dar - es handelt sich hierbei um unsymmetrische Dolmen, deren Grabkammer sich rechtwinklig zum Gang entwickelt hat (beim Dolmen Les Pierres Plates in Locmariaquer ist der Winkel stumpf, so daß eine zusätzliche Kammer an den Gang angeschlossen werden konnte).

Manchmal sind mehrere Gangdolmen in ein und demselben Cairn oder Erdhügel vereint. Häufiger noch trifft man zwei, drei oder mehr Grabmäler dicht beieinander an. Im allgemeinen sind die Gangdolmen dieser Gegend vorzugsweise genau auf der Kuppe kleiner Hügel oder abgerundeter Bodenerhebungen errichtet worden, die Grabhügel in diesem weiten, aber nicht zusammenhängenden Friedhof bilden.

Die geteilte Kammer des Gangdolmens in Ellenbogenform von Goërem bei Gâvres (Morbihan): Tragsteine und Trockensteine im Wechsel.

Die Kammer des Dolmens von Mané-Rutual bei Locmariaquer (Morbihan) mit Blick auf die Vorkammer, die in seltenen Fällen die Grabkammer mit dem eigentlichen Gang verbindet.

Geschäftete Pflug-Axt auf dem Teil der Stele, der im Dolmen Table-des-Marchands bei Locmariaquer (Morbihan) als Überlieger wiederverwendet wurde.

Der Gang im Dolmen von Kercado bei Carnac, von der Kammer aus gesehen. Gravierungen auf dem rechten Tragstein.

In dieser Megalithgegend des Morbihan par excellence ist die Innenseite der Tragsteine, normalerweise die ebenste Fläche jeder Platte, häufig mit Gravierungen verziert. Man erkennt polierte Äxte mit und ohne Schaft sowie Krummstäbe, daneben zahlreiche, nur schwer zu deutende Ornamente, deren einfachstes das U-Zeichen ist. Viele dieser Motive scheinen stilisierte Silhouetten oder Teile des menschlichen Körpers andeuten zu wollen. Ob dabei der Kopf zu einer Art "Kessel" (oder "Wappen") vereinfacht wurde, dessen Ohren die Henkel bilden und der bürstenartige Haare hat, oder ob die ganze Person nur durch ihre Füße angedeutet wird - es handelt sich hier wahrscheinlich um Formen der in Megalithgräbern am häufigsten vorkommenden Schutzgottheit, deren Geschlecht zu dieser Zeit noch unbestimmt war. Öfter hat der Trägerstein selbst die Form einer wappenartigen Kartusche, seltener die einer grob anthropomorphen Figur. Neben vielen anderen weist der Dolmen von Kercado bei Carnac, dessen Erdhügel noch erhalten ist, schöne Gravierungen dieser Art auf, ebenso einer der drei Dolmen von Mané-Kerioned.

Die Gangdolmen von Locmariaquer verdienen eine genauere Betrachtung. Es wurden hier zunächst große Menhire oder Stelen errichtet, deren gleichmäßige, abgeflachte Seiten miteinander verwandte Motive trugen. Von nachfolgenden Generationen wurden Stelen umgestürzt und zerteilt (so zum Beispiel der große zerbrochene Menhir), die Bruchstücke wurden als Deckplatten der Kammern von prachtvollen Gangdolmen wiederverwendet. Die verzierte Deckplatte im Dolmen Table-des-Marchand - auf ihrer Innenseite sieht man einen Axt-Pflug, einen Krummstab und die Füße eines Rindes - läßt sich mit dem Überlieger der Kammer von Gavrinis zusammenfügen : Auf seiner oberen und damit verdeckten Seite sind der Körper des gehörnten Vierbeiners, ein zweites Rind sowie ein weiterer Axt-Pflug zu sehen. Die Table-des-Marchand ist durch ihre wappenförmige, mit parallelen Reihen von Krummstäben in Relief verzierte Apsisplatte berühmt geworden. Im Dolmen von Mané-Rutual mit Kammer und Vorkammer wurde als Deckplatte ein Teil einer Stele, die mit einem großen, wappenförmigen Motiv verziert ist, wiederverwendet - hierauf wird man erst durch einen Fingerzeig der Archäologen aufmerksam. Im ellenbogenförmigen Ganggrab Pierres-Plates sind die vielleicht schönsten Steinplatten zu sehen, sie tragen Eingravierungen in einem anderen Stil.

Gravierungen auf einem der Tragsteine an der rechten Seite im Dolmen Pierres-Plates bei Locmariaquer.

Der Eingang der Kammer des eindrucksvoll verzierten Ganggrabs auf der Insel Gavrinis bei Larmor-Baden.

Der Gang im ellenbogenförmigen Grab von Goërem bei Gâvres (Morbihan), mit der bewegbaren Platte, die die Kammer verschließt.

Auch in Locmariaquer stößt man auf die riesigen Erdhügel, die Grüfte mit sehr reichen Grabbeigaben einschließen ; höchstwahrscheinlich handelt es sich hier um die Gräber hochgestellter Persönlichkeiten. Der Cairn von Mané-er-Hroëk ist kreisförmig ; die hier verwendeten Überlieger sind einmal mehr Teile einer ehemaligen Stele. Ein weiteres Bruchstück mit außerordentlich reicher Verzierung, das bei der Errichtung der die Kammer umgebenden Schutzmauer als gewöhnlicher Mauerstein verwendet wurde, ist zur Zeit im Grab nahe beim künstlichen Eingang ausgestellt. Die Erdhügel weisen bisweilen eine längliche Form auf und schließen an ihrem einen Ende ein Ganggrab ein. In ein und derselben Anlage findet man aneinander gebunden geschlossene Gräber und eine Grabkammer, die durch einen Gang mit der Welt der Lebenden in Verbindung steht. So in Mané-Lud bei Locmariaquer, in Le Moustoir und Saint-Michel bei Carnac. Im Tumulus Saint-Michel liegt rund um das zentrale Grab eine Reihe von Steinkästen.

Die heute noch erhaltenen Megalithgräber in den Küstenstrichen des Morbihan sowie auf der Insel Groix weisen eine relativ einfache Struktur auf. Die komplexeren Anlagen sind heute zerstört. Unweit von Port-Louis liegt beim Dorf Gâvres ein Erdhügel mit einem herrlichen Ganggrab in Ellenbogenform. An der Stelle, wo der Gang und die in vier Zellen geteilte Kammer aufeinanderstoßen, diente eine große, bewegbare Steinplatte als "Tür". Auch der Erdhügel über dem ellenbogenförmigen Ganggrab Rocher bei Bono am linken Ufer des Flusses Auray ist heute noch erhalten.

Die Ganggräber im Südfinistère wurden seit dem Beginn des 19. Jahrhunderts stark beschädigt. Sie waren in besonders großer Anzahl im Pays Bigouden - in der Gegend von Pont-l'Abbé und Penmarc'h - anzutreffen, wo sie eine zusammenhängende Begräbnisstätte bildeten, wie bei Carnac. Zwischen den Flüssen Ellé und Odet sind nur sehr wenige Gangdolmen erhalten. Zu erwähnen sind hier die nebeneinanderliegenden Gräber von Kerléven bei La Forêt-Fouesnant (auf dem Campingplatz Saint-Laurent) mit geteilter Kammer. Derartige Gräber waren in großer Zahl bis hin zur Pointe du Raz zu

Der große Tumulus Saint-Michel bei Carnac (Morbihan), mit seiner Kapelle. Nordseite. Einzelgrab im Tumulus Saint-Michel.

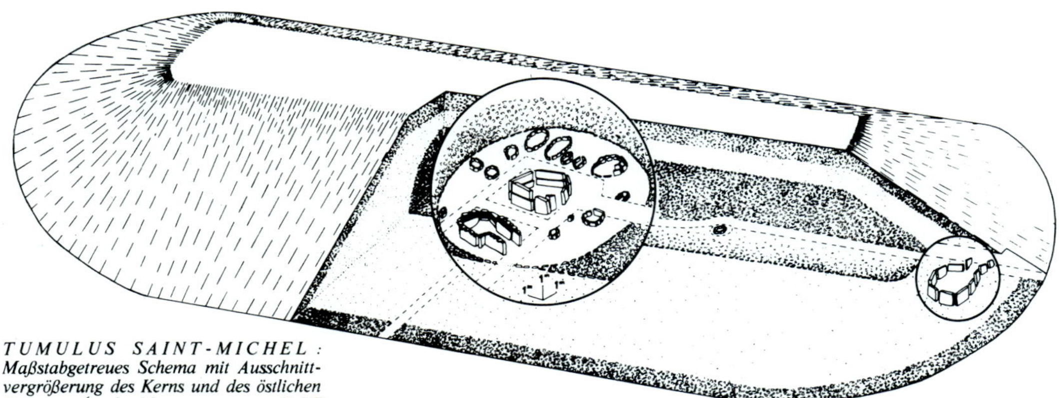

TUMULUS SAINT-MICHEL: Maßstabgetreues Schema mit Ausschnittvergrößerung des Kerns und des östlichen Dolmens (nach Messungen von Z. LE ROUZIC, überarbeitet und ergänzt).

finden ; die meisten der heute noch erhaltenen sind stark beschädigt, so auch die Gräber an der Pointe du Souc'h bei Plouhinec. In einem guten Zustand ist hingegen die Grabanlage in Quélarn bei Plobannalec, die sich aus den Überresten von sechs Dolmen mit geteilter Kammer zusammensetzt. Auf dem Gipfel der Pointe de la Torche liegt ein Dolmen mit vereinfachter Kammerstruktur, dessen Gang nachträglich verlängert wurde.

Der Erdhügel des T-förmigen Dolmens von Poulguen bei Penmare'h im Pays Bigouden ist zum Teil erhalten. Die Gravierungen im Inneren erinnern an die Kartuschen der ellenbogenförmigen Gräber im Morbihan. Vom T-förmigen Dolmen von Kerugou ist mur noch das steinerne Skelett zu sehen. Der Dolmen von Run-Aour bei Plomeur, den man auf dem Gelände des Musée Préhistorique von Penmarch'h wiedererrichtet hat, besteht aus zwei ellenbogenförmigen Gängen ; dort, wo sie aufeinandertreffen, liegt eine Kammer aus Trockensteinen. Es handelt sich hier um eine Sonderform.

In der Gegend um Cap-Sizun sind keine bedeutenderen Dolmen erhalten. Die auf der Halbinsel von Crozon, so zum Beispiel in Rostudel kurz vor dem Cap de la Chèvre, und die an den Hängen des Menez-Hom haben, da ihre Gänge zerstört wurden, heute nur noch eine sehr einfache Form. Sehenswert ist eine Reihe von Denkmälern im Inneren des Finistère, so der Cairn von Saint-Thois mit zwei Dolmen, einer davon mit doppelter Kammer, sowie des V-förmige Dolmen Ty-ar-Boutiquet bei Brennilis, dessen Gang nahtlos in die Kammer übergeht, eine Entdifferenzierung, an deren Ende die Steinkisten stehen.

Die Ganggräber waren an den Küsten der Mer d'Iroise und des Ärmelkanals häufiger anzutreffen als noch vor kurzem angenommen. Sie liegen verstreut in der Nähe der Landeplätze kühner Seefahrer, zumeist auf Inseln oder Halbinseln. Da der Meeresspiegel zur Zeit, da sie errichtet wurden, niedriger lag als heute, standen sie damals noch auf dem Festland. Für die

Zwei Dolmen mit geteilter Kammer im Cairn von Saint-Laurent bei La Forêt-Fouesnant (Finistère).

Der Dolmen mit geteilter Kammer von La Torche bei Plomeur (Finistère), Westseite.

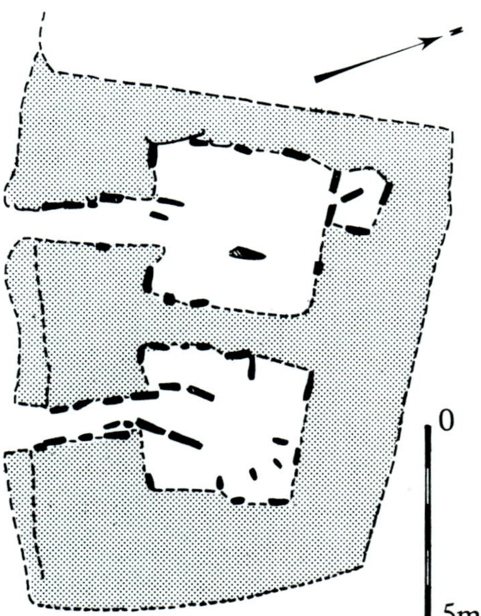

La Forêt-Fouesnant.

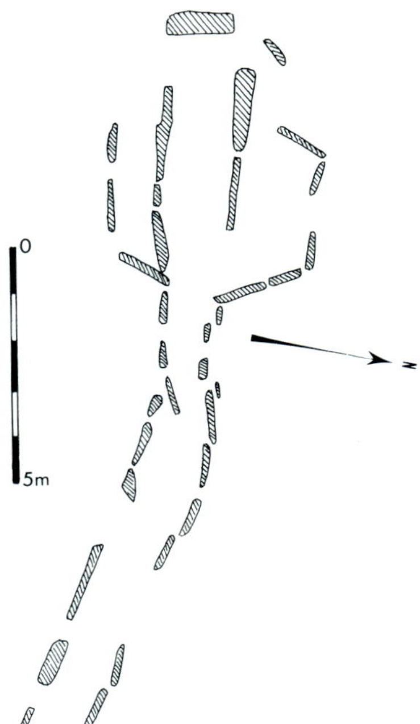

La Torche.

Inseln des Archipels von Molène, auf denen es zahlreiche kleine Dolmen gab, gilt dies jedoch nicht. Hier sind die Formen mit einem Gewölbe aus sich überlappenden Steinen besonders häufig. Oft ist heute nur noch eine Reihe von "Tragsteinen" erhalten, deren einzige Funktion es war, die Trockensteinmauern zu verkleiden. Auf diese letzten Überreste stößt man nur noch an den unzugänglichsten Stellen ; vermutlich haben der Gemüseanbau im Haut-Léon und die Tangwirtschaft im Bas-Léon die Grabanlagen stark beschädigt.

Der Cairn auf der Insel Carn bei Ploudalmézeau wachte zur Zeit seiner Errichtung über einen fruchtbaren vorgelagerten Küstenstrich, der heute vom Meer überflutet ist. Der ursprünglich trapezförmige Cairn schloß drei nebeneinanderliegende Dolmen mit kurzem Gang ein, deren Kammern ein Gewölbe aus flachen, sich überlappenden Granitsteinen besaßen. Die Kammer des mittleren Dolmens ist unbeschädigt, die der beiden anderen wurden nach kürzlich durchgeführten Ausgrabungen restauriert. Als die Dolmen nicht mehr genutzt wurden, schüttete man an Vorder- und Rückfront des primären Cairns Schutzwälle auf und umgab die gesamte Anlage mit einer ringförmigen Verblendung aus Stein. Um die Struktur des Denkmals sichtbar zu machen, hat man die Schutzwälle zum Teil abgetragen und so die Eingänge zu den drei Dolmen freigelegt. Auch die kleine, Landéda vorgelagerte Insel Guennoc überragte ein heute überschwemmtes Gebiet. Hoch oben auf der Insel liegen drei Cairns, von denen zwei je drei Dolmen mit kurzem Gang einschließen. Im dritten und größten, eindeutig trapezförmigen Cairn liegen sieben Dolmen. Der Cairn wurde an seiner Breitseite erweitert ; der neue Abschnitt schließt zwei

Fassade des primären Cairns auf der Insel Carn bei Ploudalmézeau (Finistère) : Man sieht den Eingang eines der Dolmen.

Gewölbe aus sich überlappenden Trockensteinen im mittleren Dolmen auf der Insel Carn. Blick in die Höhe.

Die Mauern aus Trockensteinen in der nördlichen Kammer.

entgegengesetzt ausgerichtete Gräber ein, damit ist eines anders orientiert als die übrigen. Unweit der Insel Guennoc kann man bei Niedrigwasser auf dem Inselchen Roc'h-Avel einen vom Meer angenagten Gangdolmen aus Trockensteinen sehen. Das heute bei Hochwasser überflutete Grabmal lag zur Zeit seiner Errichtung deutlich über dem Meeresspiegel.

Von den Ruinen ihres Überbaus befreit, lassen die komplexen, trapezförmigen Cairns monumentale Fassaden erkennen. Vor diesen Fassaden lagen kleine Plätze, auf denen Kulte begangen wurden. Ein äußerst beeindruckendes Beispiel hierfür bietet der Cairn von Barnenez auf der Halbinsel von Kernéléhen bei Plouezoc'h, der auf einer Anhöhe über einer zur Zeit seiner Erbauung noch nicht überfluteten Tiefebene liegt, der heutigen Bucht von Morlaix. Der Cairn ist 75 m lang, 20 bis 25 m breit und 6 bis 8 m hoch. Er schließt zwei Serien von fünf bzw. sechs Dolmen mit langen Gängen ein, die parallel angeordnet sind und sich in Form und Bauweise leicht voneinander unterscheiden. Neun der Gänge münden in eine Kammer mit einem Gewölbe aus sich überlappenden Trockensteinen, das zum Teil auf Tragsteinen ruht. Die Wände der Gänge bestehen entweder aus Trockensteinen oder aus Steinplatten, sind aber stets mit Überliegern gedeckt. Ein weiterer der elf Dolmen gehört zum klassischen Typ, er besteht ganz aus Steinplatten. Ein anderer mit Gang und Kammer aus Steinplatten besitzt eine Vorkammer mit einer Kuppel aus Trockensteinen, die auf Trägern ruht. Drei der Dolmen schließen Steinplatten mit Gravierungen ein, eine dieser Platten stammt aus einem anderen Denkmal und wurde in Barnenez wiederverwendet. Auf dem Vorplatz fand man an einer Stelle eine beachtliche Menge von Topfscherben.

Sehenswert im Gemüseanbaugebiet südlich von Saint-Pol-de-Léon ist der T-förmige Dolmen von Kerivin ; ein anderes beeindruckendes Denkmal, das

Der Cairn von Barnenez bei Plouezoc'h (Finistère) von Südwesten aus gesehen.

Kammer des Dolmens C.

Kammer des Dolmens D mit Blick auf den Gang.

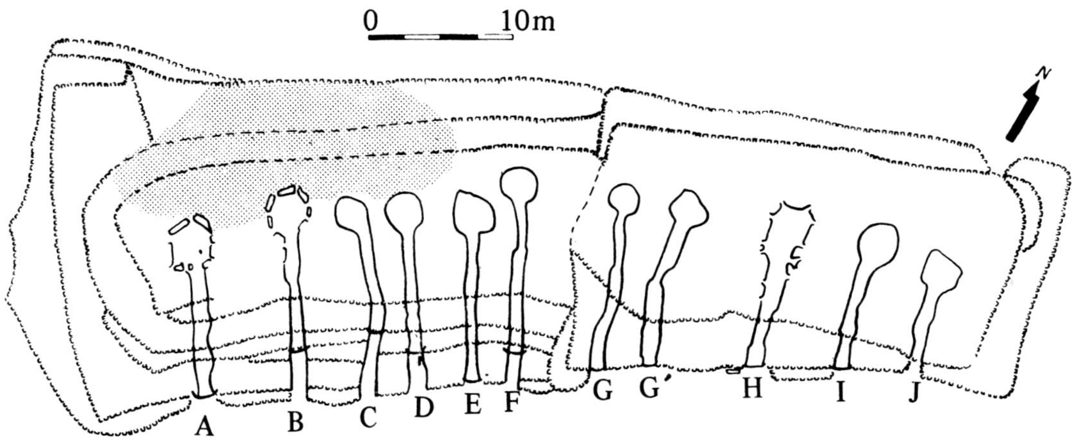

DIE ERBAUER

Für einen Kubikmeter Mauerwerk benötigt man etwa 1500 kg Stein. Das Brechen und Spalten der Steine, die Transportarbeiten auf der Baustelle selbst und das Aufschichten des Materials eingerechnet, bedeutete dies vier Tage Arbeit für einen Mann.

Hinzu kommt der Transport vom Steinbruch zur Baustelle : In Barnenez wurde der Dolerit in einer Entfernung von 250 bis 500 m gebrochen, der Granitsteinbruch lag mindestens 2 km entfernt.

Der ursprüngliche Kern des Primärcairns von Barnenez hat ein Volumen von etwa 2 000 m^3. Berücksichtigt man die Hohlräume, kommt man zu dem Ergebnis, daß ca. 3 000 t Dolerit und 1 000 t Granit verarbeitet wurden.

Wenn man davon ausgeht, daß der Primärcairn ohne eine längere Unterbrechung der Arbeiten errichtet wurde, was zweifelhaft ist, und wenn man die für den Transport der Überlieger zusätzlich benötigte Zeit außer Acht läßt, kann man die gesamte Arbeitszeit bei einem 10-Stunden-Tag auf 15 000 bis 20 000 Tage schätzen ; dies entspricht 150 000 bis 200 000 Arbeitsstunden. 200 Arbeiter konnten die Aufgabe vermutlich in drei Monaten bewältigen, 300, wenn man unerwartet auftretende Schwierigkeiten mit berücksichtigt.

Einige hundert Menschen, und so groß waren die Gemeinschaften damals vermutlich, konnten ein solches Projekt also durchaus verwirklichen. Die hier gemachten Schätzungen werden durch eine Reihe von Untersuchungen, die an anderen Stellen der Erde mit vergleichbaren technischen Mitteln durchgeführt wurden, bestätigt.

Das Gesamtvolumen der verschiedenen Abschnitte des Denkmals beträgt etwa das Dreifache des Volumens des ursprünglichen Kerns, wenn nicht sogar mehr, das heißt 6 500 bis 7 000 m^3, was unter Berücksichtigung der Hohlräume einem Gesamtgewicht von 12 000 bis 14 000 t entspricht. Wir können heute noch nicht mit Sicherheit sagen, ob sich die Errichtung des Cairns über ein oder vielleicht sogar über fünf Jahrhunderte hingezogen hat. Die Bauzeit dürfte sich jedoch etwa in dieser Größenordnung bewegen – auch für den Bau einer Kathedrale benötigte man oft mehrere Jahrhunderte.

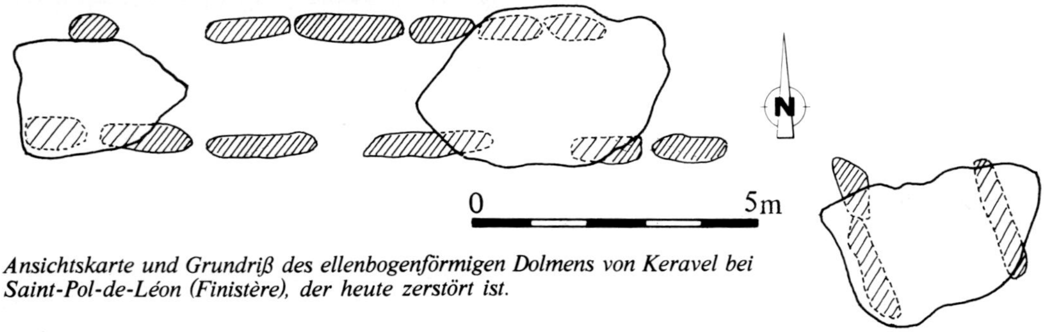

Ansichtskarte und Grundriß des ellenbogenförmigen Dolmens von Keravel bei Saint-Pol-de-Léon (Finistère), der heute zerstört ist.

von Keravel, ist heute nicht mehr erhalten.

Weitere Dolmen findet man schließlich auch in den Côtes-d'Armor, so im Archipel der Sept-Iles (Sieben Inseln). Eine mit Steinplatten ausgekleidete Grabkammer auf der Insel Bono, deren Gang heute zerstört ist, besaß wahrscheinlich ein Gewölbe aus sich überlappenden Steinen. Der Dolmen von Tossen-ar-Run bei Yvias jedenfalls, der am Anfang dieses Jahrhunderts erforscht wurde und von dem man auf einer Anhöhe allein den beeindruckenden Erdhügel sieht, weist eine solche Trockensteinstruktur auf. In La Ville-Pichard bei Pléneuf schließt ein Cairn vom gleichen Typ drei mit Steinplatten ausgekleidete Kammern in sehr schadhaftem Zustand ein. Auch der Dolmen von La Ville-Hamon bei Erquy ist heute nur noch eine Ruine : Steinplatten und Cairn bestanden aus rosafarbenem Sandstein, der in der unmittelbaren Umgebung des Denkmals nicht vorkommt. Viele andere Gangdolmen in diesem Küstenstrich sind ganz verschwunden.

Ein bedeutender Komplex von Megalithgrabmälern gleichen Typs ist auf den anglonormannischen Inseln zu finden : Der Dolmen mit Trockensteinkuppel von La Sergenté auf Jersey ist stark beschädigt ; die Grabmäler von La Hougue-Bie auf derselben Insel und von Le Déhus auf Guernesey sind dagegen gut erhalten und zu Recht berühmt geworden. Schließlich sei noch auf die Denkmäler aus Kalksteinplatten in der Niedernormandie hingewiesen, die ausnahmslos am jurassischen Rand des armorikanischen Massivs liegen. In Vierville (Manche) sind die Dolmen in sehr schadhaftem Zustand, anders als in Fontenay-le-Marmion bei Caen (Calvados), wo der Cairn von La Hoguette sieben strahlenförmig angeordnete Grabmäler einschließt ; noch eindrucksvoller ist der von La Hogue mit zwölf ebenfalls strahlenförmig angelegten Dolmen. Es handelt sich hier um die Gangdolmen der atlantischen Gruppe, die am weitesten im Osten liegen. Durch die Radiokarbonmethode konnte nachgewiesen werden, daß sie genauso alt sind wie diejenigen im Poitou und in der Bretagne. Dies zeigt, daß innerhalb der atlantischen Gruppe trotz der verschiedenen regionalen Varianten, die oft auf das verfügbare Material zurückzuführen sind, eine große Einheitlichkeit besteht.

DIE ZWISCHENFORMEN UND DIE STEINKISTEN (ALLEES COUVERTES) IN DER BRETAGNE

Eine kleine Gruppe von besonderen Megalithdenkmälern im Osten der Bretagne scheint mit großen Monumenten im Loire-Becken und in den benachbarten Gebieten verwandt zu sein. Diese oft riesigen Bauwerke wurden nicht unbedingt als Grabstätten genutzt, und sie lassen sich nicht ohne weiteres der einen oder anderen der ersten beiden Gruppen von Dolmen zuordnen. Das beste Beispiel hierfür ist der berühmte Dolmen von La Roche-aux-Fées bei Essé (Ille-et-Vilaine). Man betritt das Denkmal durch einen monumentalen Eingang mit Portikus und gelangt über einen Vorraum - einen Gang mit niedriger Decke - in eine hohe, geräumige Kammer, die durch Tragsteine in vier Zellen unterteilt ist. Die Architektur des Denkmals erinnert an die eines großen Wohnhauses, wenn nicht an die eines Tempels. Das Monument La Tablette bei Cournon (Morbihan) scheint der Überrest eines Denkmals mit ähnlicher Struktur zu sein. Die Prinzipien der megalithischen Baukunst konnten auch auf andere Bauwerke als Grabstätten angewendet werden.

Erwähnt wurde bereits der V-förmige Dolmen von Ty-ar-Boudiquet bei Brennilis, dessen Gang unmittelbar in die eigentliche Kammer übergeht - eine Zwischenform auf dem Weg der Entdifferenzierung zur Steinkiste, Vergleichbar mit diesem Denkmal ist der Dolmen Nr. 1 des Ensembles von Liscuis bei Laniscat (Côtes-d'Armor), ebenfalls im Landesinneren. Er steht höher als die zwei benachbarten vom klassischen Typ, das heißt mit länglicher Kammer, Frontaleingang, parallelen Seitenwänden und gleichbleibender Deckenhöhe. Es existieren noch andere Überreste von Zwischenformen, die darauf schließen lassen, daß sich die armorikanischen Allées couvertes, zumindest was ihre Architektur angeht, an Ort und Stelle aus der Tradition der Gangdolmen entwickelt haben könnten. Auch die chronologischen Daten stützen diese These.
Ein anderer Zweig führt von den rechtwinklig angelegten Grabmälern zu den Gräbern mit seitlichem Eingang. Bei diesen Monumenten liegt vor der länglichen Kammer, die an die Steinkisten erinnert, rechtwinklig zur Achse des Bauwerks ein kurzer Gang. Ein schönes Beispiel hierfür ist das Denkmal von Crech'-Quillé bei Saint-Quay-Perros (Côtes-d'Armor) ; zwar sind die Überlieger heute ausnahmslos zerstört, der Hügel, dessen Außenfront im Wechsel mit kleinen, senkrecht stehenden Steinplatten und Trockensteinmauern verkleidet ist, ist jedoch noch erhalten. Dem deutlich sichtbaren seitlichen Eingang gegenüber steht ein Tragstein mit dem Brustpaar der Schutzgöttin der Toten über einer Halskette. Ganz in der Nähe, in Kergüntuil bei Trégastel ist vom Dolmen, unter einem Knick begraben, nur noch die Kammer erhalten ; auf drei nebeneinanderliegenden Tragsteinen sieht man Seite an Seite neun Brustpaare mit Halsketten sowie verschiedene andere Motive.

Zu dieser Gruppe von Denkmälern gehören ferner der stark beschädigte Dolmen von Tréal bei Saint-Just (Ille-et-Vilaine) und der von Le Four-Sarrazin, dessen Erdhügel heute noch von Steinplatten eingefaßt ist, - seine Struktur erinnert an die der kleinen benachbarten Denkmäler ohne Kammer. Es scheint, als hätten hier zwei verschiedene Traditionen aufeinander Einfluß genommen. Eewähnenswert sind daneben die Dolmen von Lestriguiou bei Plomeur (Finistère), von La Roche-Camio bei Plédran und Le Champ-Grosset bei Quessoy (Côtes-d'Armor). In manchen Dolmen weist der Trennstein zwischen seitlichem Eingang und Kammer eine halbkreisförmige Einbuchtung auf, so zum Beispiel in Coët-Correc bei Mur-de-Bretagne (Côtes-d'Armor), und auch in den Denkmälern von Kerlescan und Kerléarec waren vor ihrer Zerstörung solche Einbuchtungen vorhanden. In Le Mélus unweit von Loguivy-de-la-Mer bei Ploubazlanec (Côtes-d'Armor) ist der seitliche Eingang nach oben hin durch einen Sturz abgeschlossen.

Dies Allées mit seitlichem Eingang stammen aus derselben Zeit wie die eigentlichen Steinkisten ;

Allée couverte arc-boutée von Lesconil bei Poullan-sur-Mer (Finistère).

Steinkiste mit seitlichem Eingang von Tréal bei Saint-Just (Ille-et-Vilaine).

zwischen beiden Typen kam es daher zu zahlreichen Interferenzen. Weder die einen noch die anderen wurden vorzugsweise auf Anhöhen errichtet ; die Steinkisten sind in der Bretagne allerdings weiter verbreitet als die Allées mit seitlichem Eingang. Sie sind im Landesinneren und an der Küste in vergleichbarer Dichte anzutreffen ; nach Osten nimmt ihre Häufigkeit ab. Es handelt sich dabei fast ausschließlich um Steinkisten des klassischen Typs. Der rechteckige Erdhügel wird, sofern er noch erhalten ist, von senkrecht stehenden Steinplatten begrenzt (dies trifft für den V-förmigen Dolmen und die Steinkisten II und III von Liscuis bei Laniscat, Côtes-d'Armor, zu). Der Eingang befindet sich an dem einen Ende der Grabstätte ; gut erhaltene Denkmäler weisen häufig eine Trennwand auf, die aus einem oder mehreren quer stehenden Trägern besteht; so wird die Allée couverte in zwei Kammern von sehr unterschiedlicher Länge unterteilt. Wenn diese ganz voneinander getrennt sind, hat die kleinere der beiden Kammern manchmal keine Eingangsöffnung oder nur einen schmalen Eingangsspalt. Die Beispiele hierfür sind zahlreich ; La Chapelle, Le Lobo bei Caro, Le Net bei Saint-Gildas-de-Rhuys (Morbihan) ; Kermeur-Bihan und Kerandrèze bei Moëlan-sur-Mer, Kernic bei Plouescat, Le Mougau bei Commana, Luzuen bei Nizon, Keriou bei Gouézec (Finistère) ; Prajou-Menhir bei Trébeurden (Côtes-d'Armor) ; La Maison-ès-Feins bei Tressé (Ille-et-Vilaine). Genauso zahlreich sind die Allées ohne sichtbare Unterteilung : La Ville-Genouan bei Créhen, La Ville-Bellanger bei Hénansal, La Couette und Le Bourg bei Ploufragan, um nur die Denkmäler in den Côtes-d'Armor anzuführen. Manchmal sind Kammer und Vorkammer durch eine Lücke zwischen zwei Tragsteinen miteinander verbunden oder durch eine in den Stein geschlagene Öffnung, eine aus den halbkreisförmigen Einbuchtungen hervorgegangene Form (Toul-an-Urs bei Duault, Le Liscuis II und III bei Laniscat, Côtes-d'Armor).

Steinkiste am Strand von Kernic bei Plouescat (Finistère) ; Rückseite. Die Überlieger des Denkmals, das zur Zeit seiner Errichtung deutlich über dem Meeresspiegel lag, sind nicht erhalten ; die Steinplatten, die den Erdhügel begrenzten, sind jedoch noch vorhanden.

Die Träger an den Längsseiten den Denkmals werden manchmal nach außen hin durch aufrecht stehende Platten verstärkt, die man nicht mit denen, die den Erdhügel begrenzen, verwechseln darf (Allée mit ungeteilter Kammer: Ile Grande (Côtes-d'Armor) ; Allées mit geteilter Kammer: Le Cosquer bei Goulven, Le Guilliguy bei Ploudalmézeau, Kerbannalec bei Beuzec-Cap-Sizun (Finistère). Die strebewerkförmig gedeckten Gräber, bei denen die Träger gegeneinander abgestützt sind, bilden eine Gruppe für sich. In Coat-Menez-Guen bei Melgven sind über dem Gang dazu drei große Überlieger erhalten. In Lesconil bei Poullan-sur-Mer, in Goulet-Riec bei Riec-sur-Belon sowie in Castel-Ruffel bei Saint-Goazec (Finistère) sind hingegen keine horizontalen Deckplatten vorhanden, und nichts weist darauf hin, daß die Denkmäler je welche besaßen.

Manchmal ist der Eingang zum Denkmal eng (Ile-à-poule bei Kerbors, Côtes-d'Armor) sowie mehrere bereits erwähnte Allées : Lesconil, Le Mougau, Kerbannalec, Ile-Grande) und liegt direkt hinter einem Durchgang zwischen den den Erdhügel begrenzenden Steinplatten.

Steinplatten mit Gravierungen und Motiven in Relief findet man sowohl in den Allées mit seitlichem Eingang als auch in den Allées vom klassischen Typ. Schematisch dargestellte Brustpaare in Relief - häufig liegen mehrere beieinander - stehen für die Schutzgöttin der Toten (in Tressé (Ille-et-Vilaine) erkennt man zwei Kartuschen mit je zwei Brustpaaren, in Commana zwei Brustpaare an zwei verschiedenen Stellen am Eingang, in Prajou-Menhir bei Trébeurden eine Kartusche mit zwei Brustpaaren und auf einem anderen Platte ein Brustpaar mit einer Halskette). In Tressé und Trébeurden findet man die Motive in der von der Hauptkammer völlig abgetrennten Zelle. Daneben sind auf diesen Steinplatten rätselhaftere Motive zu sehen, die man einst für Darstellungen von Waffen aus Kupfer und Bronze hielt, die aber auch jeden anderen beliebigen Gegenstand mit langem Griff symbolisieren könnten. Man hat hinter diesen Zeichen sogar Pilze vermutet (Prajou-Menhir : in der abgeteilten Kammer, Le Mougau bei Commana : an den Wänden der langen Kammer). Bemerkenswert sind daneben in Le Mougau eine geschäftete Steinaxt in Relief und in Prajou-Menhir eingravierte Rechtecke, die an den Raster auf dem Menhir von Saint-Samson erinnern. In den beiden letzten Denkmälern liegen diese ungewöhnlichen Motive auf den Trägern, die Hauptkammer und Zelle voneinander trennen.

Die Steinkiste von Le Mougau (bret. Höhle) bei Commana (Finistère).

Neun Brustpaare in Relief mit Halskette in der Steinkiste von Kergüntuil bei Trégastel (Côtes-d'Armor).

Geschäftete Axt en Relief auf der Apsisplatte in der Steinkiste von Le Mougau bei Commana (Finistère).

Zelle der Steinkiste von Prajou-Menhir bei Trébeurden, an der Straße nach Ile-Grande : ein Brustpaar in Relief mit Halskette, daneben ein schaufelförmiges Motiv.

DIE FUNKTION DER MEGALITHGRÄBER

Nachdem die verschiedenen Typen von Megalithgräbern und ihre geographische Verteilung in der Bretagne eingehend beschrieben worden sind, soll nun die Funktion der Denkmäler untersucht werden. Es handelt sich stets um Grabstätten ; die Zahl und die soziale Stellung der dort beigesetzten Stammesmitglieder variierten jedoch erheblich, und in bestimmten Fällen konnten die Denkmäler zusätzliche Funktionen übernehmen. Vor eineinhalb bis zwei Jahrhunderten hielten die "Keltomanen" sie für "druidische Altare" oder Opfersteine mit eingravierten Rinnen, durch die das Blut abfloß. Solche unsinnigen Gedanken sind in manchen Kreisen noch weit verbreitet. Jedesmal, wenn ein noch unberührtes Denkmal von einem Berufsarchäologen wissenschaftlich erforscht wurde, konnte eine Grabfunktion nachgewiesen werden. Lassen die chemischen Bedingungen es zu (alkalischer, möglichst kalkhaltiger Boden, was in der Bretagne nur selten der Fall ist, so daß die Knochenphosphate sich im Laufe der Jahrtausende zersetzen), findet man menschliches Gebein aus dem Neolithikum häufig in großen Mengen : Die Dolmen und vor allem die Steinkisten erweisen sich als regelrechte Beinhäuser. In den Gangdolmen im Poitou und in der Normandie, die am Rande des jurassischen Kalksteingebiets liegen, fand man im Schnitt die Knochen von 15 bis 20 Menschen. In den Allées couvertes in der Gegend um Paris und den Hypogäen aus derselben Epoche stieß man auf das angehäufte Gebein von bis zu 200 Menschen. Die Knochen sind so alt wie die Denkmäler selbst. Sie wurden nicht zu einem späteren Zeitpunkt dort niedergelegt, was auch die Datierung anhand der C-14 Methode bestätigt. Knochenfunde ermöglichten die Bestimmung der Entstehungszeit der ältesten Dolmen im Poitou und in der Normandie. Gangdolmen in Quiberon und Saint-Pierre-Quiberon (Bretagne), die unter kalkhaltigen Sanddünen verborgen lagen, waren mit Knochen angefüllt, ebenso eine der Kammern im Dolmen La Torche und der hintere Teil der Kammer vom Denkmal Roch'-Avel. Wenn die Deckplatten die Kammer ganz abschirmten und das Regenwasser umlenkten, konnten unter Umständen Knochenteile erhalten bleiben, so zum Beispiel in Barnenez. In Saint-Thois fand man besonders viele Fragmente, unter anderen lange Knochen, die zu Bündel zusammengeschnürt waren.

Die Anzahl der erhaltenen Knochen bestätigt, daß es sich bei den Megalithdenkmälern um Kollektivgräber handelte ; im Laufe der Zeit wurden hier die Gebeine von Dutzenden, wenn nicht von Hunderten von Menschen zusammengetragen. Manche Denkmäler wurden noch lange nach ihrer Errichtung - mehrere Jahrhunderte, bisweilen sogar eineinhalb Jahrtausende lang - als Grabstätten genutzt. Sie gehörten einem Stamm, einem Dorf oder einer Familie, doch nicht alle Mitglieder der Gemeinschaft wurden hier beigesetzt. Die Kriterien, nach denen man die Menschen, denen diese Ehre zuteil wurde, auswählte, sind uns nicht bekannt. Die zuletzt bestatteten Toten lagen in vielen Fällen so, daß das Skelett zusammenhängend erhalten blieb, meist in Hockerstellung, woraus man schließen kann, daß nur eine geringe Zahl von Verstorbenen gleichzeitig beigesetzt wurde. Ältere Gebeine können aus Platzgründen hinten in der Kammer durcheinander aufgehäuft oder systematisch gestapelt sein. Die Megalithgrabstätten wurden manchmal ausschließlich als Beinhäuser genutzt. Sobald das Fleisch verwest war, wurden die Knochen dort aufgeschichtet, wie es für eine Reihe von Gräbern in Nordeuropa nachgewiesen werden konnte. Es hat jedoch auch Einäscherungen gegeben, so zum Beispiel in Irland und möglicherweise im Morbihan in einigen großen Denkmälern mit geschlossenen Gräbern. In manchen Fällen liegen Einzelgräber in Form von Steinkästen bei den Gemeinschaftsgräbern.

Es konnte nachgewiesen werden, daß in einigen Megalithgräbern auf den britischen Inseln und in Skandinavien der Totenkult bei gewissen Anlässen auch die makabre Zurschaustellung der Gebeine der Ahnen einschloß, manchmal sogar die verwesender Toter, die man anschließend in einer Ecke des Grabes erneut niederlegte. Die offenen Grabstätten, die eine Verbindung zwischen dem Reich der Lebenden und den Toten der Gemeinschaft herstellten, waren ein Ort der gesellschaftlichen Integration ; sie wurden nicht nur für die Verstorbenen gebaut, sondern auch für die Lebenden. In einem intakten Denkmal findet man stets eine mehr oder weniger große Anzahl von Gegenständen, deren kennzeichnende Merkmale und Anordnung vermuten lassen, daß es sich dabei um rituelle Grabbeigaben handelte. Die Grabausstattung gibt wichtige Informationen über die Arbeitstechniken und die Lebensweise der Erbauer der Megalithgräber. Die zeitlichen und räumlichen Varianten sind jedoch zu zahlreich, als daß sie hier eingehend untersucht werden könnten.

Die Grabbeigaben umfassen Haushalts- und landwirtschaftliche Geräte ebenso wie Waffen und Machtsymbole, daneben Geschmeide und Ausschmückungsgegenstände, rituelle Objekte und Lebensmittel. So wurden zum Beispiel Fleischstücke niedergelegt - von diesen sind heute bestenfalls noch die Knochen erhalten - sowie Gefäße mit bisweilen verkohlten Getreidekörnern oder Getränken (Wasser, Bier, Met), die heute spurlos verschwunden sind. All dies beweist, daß man den Toten auf die große Reise ins Jenseits eine Mahlzeit mitgab. Viele, selbst wertvolle Gegenstände und Prestigeobjekte wurden entweder absichtlich, gleich bei der Niederlegung zerbrochen oder später, wenn die Grabkammern geräumt wurden, um Platz für neue Bestattungen zu schaffen, oder unabsichtlich, da man im Halbdunkel der Kammer selbst mit einer Fackel kaum etwas sehen konnte. Vermutlich hatten die Grabbeigaben eine rein rituelle Funktion. Möglicherweise entnahm man für die Zeremonien im Freien den Gräbern nicht nur Knochen, sondern auch Teile der Grabausstattung. Man darf jedoch nicht vergessen, daß Gegenstände aus vergänglichen Materialien (Holz, Knochen, Leder, Stoff, Fasern, Fellen) im allgemeinen spurlos verschwunden sind.

Weiter oben erwähnten wir bereits die Plätze vor bestimmten monumentalen Fassaden, auf denen man unter anderem Topfscherben in großen Mengen fand, welche von periodisch im Freien abgehaltenen Zeremonien zeugen, so in Larcuste, auf Gavrinis, auf Carn oder in Barnenez. Es könnte sich um Zeremonien anläßlich eines "Gedenktages für die Toten" handeln, wahrscheinlicher ist jedoch, daß diese großen Denkmäler nicht nur als Grabstätten, sondern auch in anderer Hinsicht eine Rolle spielten. Sie waren ein Ort der gesellschaftlichen Integration ; die Verstorbenen waren nicht nur Gegenstand eines Totenkultes, sie wurden auch als Orakel befragt, lagen die Denkmäler doch meist auf Anhöhen und wachten über das von der Gemeinschaft bewirtschaftete Land. Möglicherweise waren die Monumente also nicht nur Vorfahrenhäuser oder Tempel, sondern gleichzeitig Gemeinschaftshäuser, so etwas wie "Rathäuser", vielleicht sogar "Schulen", geht man davon aus, daß die Initiation der Jugendlichen sich hier abspielte.

Ausgrabungen bei der Table-des-Marchand in Locmariaquer (Sommer 1987).

DIE GESELLSCHAFT DER MEGALITHIKER

Jene Prähistoriker, die soziologische Spekulationen riskieren, betrachten die neolithischen Gesellschaften prinzipiell als relativ egalitär. Da die verschiedenen, über ein weites Gebiet verstreuten Gemeinschaften nicht über dieselben wirtschaftlichen Ressourcen verfügten, entwickelte sich zwischen manchen benachbarten Sippen ein Abhängigkeitsverhältnis auf wirtschaftlicher oder verwandtschaftlicher Ebene, insbesondere im Falle systematischer Exogamie. Vermutlich kam es - zumindest vorübergehend - zu Konflikten und Konkurrenzverhalten. Die Bevölkerungszunahme und der Wettstreit um fruchtbaren Boden führten möglicherweise zu ersten kriegerischen Auseinandersetzungen, die über die harmlosen Raufereien, die an der Tagesordnung waren, hinausgingen.

Die Megalithgrabmäler waren unverhältnismäßig groß, doch nur ein Teil der Bevölkerung wurde hier beigesetzt ; auch die Tatsache, daß man unterschiedlich reiche Grabausstattungen fand, weist darauf hin, daß es im Neolithikum bereits Anfänge einer sozialen Schichtung gab. In diesem Zusammenhang stellt sich die Frage, ob die Hierarchie zum Bau der Grabmäler führte, oder ob andersherum die soziale Schichtung am Ende einer Entwicklung stand, in deren Verlauf es zum Bau von außergewöhnlichen Grabmälern kam sowie zu anderen Erscheinungen, von denen wir keine genaue Vorstellung haben. Wenn die Megalithkultur entlang der atlantischen Küste entstand und sich hier fortentwickelte, so geschah dies, wie die Archäologen annehmen, unter anderem aus der sich für die Megalithiker ergebenden Notwendigkeit heraus, ein immer seßhafteres Leben zu führen, was die Bindung an ein fest abgegrenztes Gebiet, das unter dem Schutz der Ahnen stand, nach sich zog. Die Entwicklung neuer Techniken und deren Anpassung an die jeweiligen örtlichen Gegebenheiten ging einher mit dem Erwerb eines Know-hows durch einige wenige, die sich bei der Be- und Verarbeitung von großen Steinen als besonders geschickt erwiesen. Das Entstehen einer Kaste von Priester-Ingenieuren - diese Hypothese wurde von anderen bereits aufgestellt - soll hier nicht in Erwägung gezogen werden ; das Prestige von gewissen Vorarbeitern mag die Tendenz zur Hierarchisierung, die sich aus der Abhängigkeit der Gemeinschaft von einem bestimmten Gebiet ergab, jedoch verstärkt haben.

Anhand der archäologischen Dokumente aus den Denkmälern und den Wohn- und Arbeitsstätten der Megalithiker können wir, wenn wir die Funde durch Daten ergänzen, die in anderen Gegenden bei der Untersuchung von vergleichbaren, zur selben Zeit lebenden Populationen gewonnen wurden, versuchen, unsere Kenntnisse über die Megalithkultur synthetisch darzustellen : Wir haben es mit einer wirklichen Zivilisation mit sozialen Strukturen, einer beginnenden Hierarchisierung und Anfängen der Arbeitsteilung zu tun. Eine gesteigerte Lebensmittelproduktion hatte die Menschen nach und nach von kleineren Wetterschwankungen unabhängig gemacht - nicht jedoch von den unausweichlichen, periodisch auftretenden Hungersnöten - und ein beachtliches Bevölkerungswachstum ermöglicht, was die Ausrodung von neuen Gebieten im Landesinneren fernab von den im frühen Neolithikum bevorzugten Küstenstrichen nach sich zog.

DIE MEGALITHKULTUR - EINE NEOLITHISCHE KULTUR

Die Denkmäler und Megalithe, die in erster Linie an der europäischen Atlantikküste vorkommen, bisweilen auch in geringerer Zahl in den benachbarten Gebieten, sind die besonderen Ausdrucksformen der europäischen neolithischen Kultur. Sie zeugen von ihrem technologischen Kenntnisstand, ihren Wirtschaftsstrukturen, von der Organisation der Gemeinschaften, von ihrem Glauben und ihren Ideologien und lassen regionale Besonderheiten und Varianten erkennen. Um uns eine Vorstellung vom technischen Stand und den materiellen Lebensbedingungen im Neolithikum machen zu können, müssen wir von den bei den Denkmälern gemachten Funden ausgehen und diese gegebenenfalls durch Daten ergänzen, die in anderen Gebieten bei der Untersuchung von vergleichbaren, zur selben Zeit lebenden Populationen mit ähnlichem Lebensstandard gewonnen wurden, wobei die unterschiedlichen natürlichen Gegebenheiten, so zum Beispiel die Klimaverhältnisse, zu berücksichtigen sind. Da die Umweltbedingungen nicht geeignet waren leicht zersetzliche Gegenstände zu konservieren, sind in der Bretagne so gut wie keine Flecht- und Textilwaren, keine Objekte aus Holz und Fasern erhalten. Nur in Wüstengebieten und feuchten Zonen (in Seen, Sümpfen, Torfmooren) konnten derartige Gegenstände konserviert werden, so zum Beispiel in den alpinen und perialpinen Sedimenten oder in den Torfmooren auf den britischen Inseln, den Somerset Levels etwa. Mit der gebotenen Vorsicht kann man die dort gewonnenen Forschungsergebnisse auf die Bretagne übertragen.

Eine gesteigerteNahrungsmittelproduktion sowie verbesserte Lagerbedingungen hatten die Menschen nach und nach von Wetterschwankungen unabhängig gemacht, und da sie zugleich ein immer seßhafteres Leben führten, kam es zu einem beachtlichen Bevölkerungszuwachs. Im mittleren bis späten Neolithikum lebten in der Bretagne vermutlich etwa hunderttausend Menschen. In dicht besiedelten Gebieten, vor allem in Dörfern, konnten sich mikrobielle Krankheiten und Virusinfektionen jedoch besonders schnell ausbreiten ; auch die Änderung der Ernährungsweise hatte bisweilen negative Folgen : Der Konsum von Getreide, also von Zucker, führte zu einem verstärkten Auftreten von Zahnkaries.

Armorika liegt im Grenzgebiet zwischen zwei neolithischen Kulturkreisen, dem mittelmeerländischen und dem danubischen (das danubische Gebiet erstreckt sich nördlich der Alpen vom Balkan bis zum Pariser Becken ; - zur Bezeichnung einer westlichen Variante der Bandkeramik verwenden die französischen Prähistoriker vorzugsweise den Begriff “Rubanés”, der Begriff “danubisch” kann im weiteren Sinne auch auf zahlreiche abgeleitete Formen und spät auftretende Varianten angewendet werden).

Abgesehen davon, daß Felsvorsprünge als Unterstände genutzt wurden, errichteten die Mega-lithiker im mittelmeerländischen Raum im Flachland kleine Wohngebäude auf sorgfältig angelegten Steinfundamenten. Die jüngsten Behausungen besaßen Außenmauern aus Trockensteinen, sonst ist uns über die Bauweise nur wenig bekannt. Im nordeuropäischen Raum stößt man vor allem auf große Familienhäuser mit Holzgebälk und Mauern aus Flechtwerk und Strohlehm.

Im Süden der Bretagne lebten die Menschen allem Anschein nach in größeren Dörfern, die bisweilen auf kleinen Anhöhen lagen und befestigt waren, in Häusern oder Hütten mit Steinfundamenten, die noch wenig erforscht sind (die Siedlung von Lizo bei Carnac, die befestigte Landzunge von Croh-Collé bei Saint-Pierre-Quiberon, Morbihan). In dem auf Kalkfelsen gelegenen Camp des Prises bei Machecoul (Loire-Atlantique) an der Südgrenze der Bretagne entdeckte man konzentrische, durch Übergänge unterbrochene Gräben mit von einer Palisade stammenden Pfahllöchern ; im Inneren stieß man auf weitere Pfahllöcher, Überreste von Behausungen oder anderen Palisaden.

Die ersten Siedlungen lagen auf heute überfluteten Böden an den Stränden des Ärmelkanals und zwar am Rande von sumpfigen Niederungen. Sie bestanden aus Häusern mit Holzgebälk und Mauern aus Flechtwerk. Man weiß nicht, ob sie genauso groß waren wie jene aus der danubischen Tradition, die bis ins Pariser Becken verbreitet sind, bis ins Aisne-Tal zum Beispiel. Die Trapezform vieler megalithischer Cairns läßt uns vermuten, daß die Häuser, zumindest die Gemeinschaftshäuser, einen ähnlichen Grundriß besaßen. Die Behausungen boten wahrscheinlich einen gewissen Komfort, und sofern man sie instand hielt, konnten sie 25 bis 30 Jahre überdauern.

Das landwirtschaftliche Gerät umfaßte polierte Steinäxte, mit denen man bewaldete Gebiete rodete - mit einem geeigneten Schaft versehen konnten sie als Hacke verwendet werden, größere Steinäxte dienten als Schneidwerkzeuge oder Pflugscharen - behauene Spitzhacken (in der Bretagne selten), Spitzhacken aus Hirschgeweih, Schaufeln aus Rindsschulterblättern, Sicheln mit einer oder mehreren Klingen aus Feuerstein in einem Schaft aus Holz oder Knochen, daneben zum Beispiel auch Grabestöcke aus Holz, die sich schnell abnutzten, aber leicht ersetzt werden konnten. Der Ackerbau wurde in kleinen Gärten betrieben. Angebaut wurden nicht nur verschiedene Getreidesorten (Gerste, Weizen, Hirse - erkennbar anhand verkohlter Körner), die zu Fladen, Brot, Brei und Bier verarbeitet wurden, sondern auch einige anspruchslose Gemüsesorten. Außerdem sammelten die Megalithiker Kräuter, Beeren und wildes Obst. Möglicherweise stellte man aus Flachsfasern bereits Netze und Kleidungsstücke her. Mit Hilfe von großen Mahlsteinen und kleinen Steinrollen wurden das Korn

Polierte Steinäxte : links oben Axt aus Fibrolit; links unten Axt aus Dolerit ; rechts zwei Äxte aus Jadeit.

Unterarmschutz aus Schiefer und Pfeilspitzen mit Dorn und kleinen Flügeln aus Feuerstein. Gegenstände aus dem späten Neolithikum und aus dem Chalkolithikum, wo die Megalithdenkmäler zum letzten Mal als Grabstätten wiederverwendet wurden.

gemahlen und andere pflanzliche Produkte geschrotet. Zu den von den Megalithikern gehaltenen Tieren zählten Schafe, Rinder und Schweine. Fleisch und Milch dienten als Nahrungsmittel ; Häute, Felle und Hörner wurden weiter verarbeitet. In diesem Zusammenhang sei an die eingravierten Motive im Dolmen Table-des-Marchand in Locmariaquer und im Cairn auf der Insel Gavrinis erinnert. Der Hund war von jeher ein treuer Gefährte des Menschen : Sicherlich spielte die Jagd auch weiterhin eine wichtige Rolle ; die gefundenen Pfeilspitzen lassen darauf schließen, daß vor allem kleinere Tiere erlegt wurden.

Zu den häuslichen Techniken zählt zunächst die Spinnerei. Spinnwirtel, Gewichte aus Stein oder gebrannter Erde, die dazu dienten, die Spindeln zu beschweren, zeugen davon, daß zumindest vom späten Neolithikum an Schafs- und Ziegenwolle verwertet wurde. Auch die Verarbeitung von Holz, Knochen und Hirschgeweih spielte eine bedeutende Rolle, wie die in den Erdschichten unterhalb von Seen gemachten Funde zeigen. Beim Ausbaggern von Flüssen entdeckte man in der Bretagne Steinaxtschäfte aus Hirschgeweih, die denen aus anderen Gegenden gleichen. In den Feuersteinbrüchen im Calvados fand man zahlreiche Spitzhacken aus Hirschgeweih, einige wenige auch in den Sedimenten an den bretonischen Küsten.

Eine weitere wichtige handwerkliche Technik wird entwickelt : die Töpferei, die für das Neolithikum kennzeichnend ist. Neben der für die Küche bestimmten Keramik gab es feiner gearbeitete Gefäße mit abwechslungsreicher Ornamentik und vollkommeneren Formen, die je nach Zeit und Volksstamm variierten. So wurde die Erforschung der prähistorischen Keramik zu einer wichtigen Grundlage für die Erstellung von Zeittafeln und die Untersuchung der Beziehungen zwischen den verschiedenen Kulturen. Viele Keramikscherben sind für den Archäologen wenig aufschlußreich, da sie überall zu finden sind ; um eine Kultur zu definieren, bedarf es jedoch nur einiger weniger, die kennzeichnende Merkmale tragen. Die neolithische Töpferware wurde nur leicht gebrannt, war relativ

Links oben Vase mit hohlem Fuß (Vorplatz des Cairns von Barnenez ; 5000 bis 6000 Jahre alt).
In der Mitte Vase mit Aufhängevorrichtung.
Unten links grob gearbeitetes Gefäß aus einer Steinkiste (4000 bis 4500 Jahre alt).
Rechts unten Kragenflasche aus dem nördlichen Dolmen auf der Insel Carn (beginnendes spätes Neolithikum, 4500 bis 5000 Jahre alt).

zerbrechlich, wenig haltbar und konnte nicht direkt aufs Feuer gestellt werden. Um Wasser anzuwärmen, wurden glühendheiße Steine aus dem Herd in die Gefäße aus Holz, Leder oder gebrannter Tonerde gelegt. Die Herstellung von Töpferware gewisser Qualität setzt die Beherrschung einer komplizierten Technik voraus, selbst dann, wenn nur Tonrollen übereinandergeschichtet und die Gefäßwände mit den Händen geglättet werden. Das Ausgangsmaterial (in der Bretagne meist durch Oberflächenverwitterung von Felsgestein entstandener Ton) muß sorgfältig gewählt und dem verwendeten Ton ein geeigneter Entfettungsstoff beigemischt werden, damit beim Trocknen keine Risse entstehen. Bisweilen verwendete man mineralische Substanzen in ungewöhnlichen Mischungen. Neben uneinheitlichen und bereits zerfallenen, grob gearbeiteten Topfscherben findet man Fragmente feiner Keramik, die von einer sorgfältigeren Arbeit zeugen und unsere Bewunderung verdienen. Die vergleichende Ethnographie konnte nachweisen, daß die Keramik fast überall in der Welt ein Werk der Frauen war.

Die Bearbeitung des Steins, vor allem des Feuersteins, gehörte zu den Aufgaben der Männer. Sie stellten verschiedene Arten von Klingen her, die als Messer verwendet wurden oder, nachdem man sie weiter bearbeitet hatte, als Schaber, Pfeilspitzen oder Werkzeuge dienten, ganz wie die Steinsplitter oder die kürzeren Klingen. Das Steinhandwerk erlebte am Ende des Neolithikums seine Blütezeit : Es wurde nun auch der helle Feuerstein aus der Touraine importiert ; entweder beschränkte man sich darauf, ihn zu spalten, um auf traditionelle Weise Klingen herzustellen, oder man fertigte treue Imitationen der Kupferdolche an, die zu dieser Zeit erstmals in Umlauf waren. Zuvor hatte man grob vorgefertigte polierte Äxte aus Feuerstein aus der Normandie und den Charentes eingeführt. In alten Felsmassiven wie dem armorikanischen gibt es, abgesehen von nierigen Einschlüssen in den sandigen Nehrungen, keine Feuersteinvorkommen. In den Megalithgräbern und Wohnstätten findet man den Feuerstein von den Stränden jedoch in großen Mengen, meist in Form von nicht weiter bearbeiteten Abschlägen ohne besondere Kennzeichen oder von Abfallsplittern. Sowohl die einen als auch die anderen waren zum Schneiden geeignet, so daß sie in jedem Fall einen gewissen Wert besaßen.

An Stelle von Feuerstein wurde manchmal Quarzit verwendet, doch erst die Bearbeitung von hartem, widerstandsfähigem Eruptivgestein und Metamorphit mit dem Spitz- und Zackenhammer eröffnete neue Perspektiven. Mit sicherem Spürsinn machten die Neolithiker in Armorika auf ihren Jagdstreifzügen den für ihre Zwecke am besten geeigneten Stein ausfindig. Es entstanden vielfältige Äxte und Beile sowie andere Gegenstände, die durch sorgfältiges Polieren auf großen, ruhenden Schleifsteinen oder mit Hilfe von kleinen Werkzeugen ihre endgültige Form erhielten.

Vielleicht ist das Auftreten von perforierten Werkzeugen in der Art der Hammeräxte aus hartem Stein auf den Einfluß der danubischen neolithischen Kultur in Mitteleuropa zurückzuführen. Jedenfalls sind derartige Gegenstände typisch für das späte Neolithikum, ebenso wie die sorgfältig gearbeiteten Streitäxte, die die osteuropäischen Kupferbeile imitierten, die durch mittel- und nordeuropäische Kulturen auch in Armorika bekannt geworden waren. Von diesen Prestige schaffenden Waffen gab es für die Bretagne typische Varianten (Doppeläxte, das heißt zweischneidige Äxte, in Schiffsform, von denen zumeist nur Fragmente oder bei der Herstellung zu Bruch gegangene Exemplare erhalten sind, das Bohren des zylindrischen Loches war nämlich eine schwierige Aufgabe).

Der Abbau des brauchbaren Gesteins nahm für die am meisten geschätzten Materialien einen handwerklichen, ja industriellen Charakter an. Mehr als ein Drittel der polierten Äxte in der Bretagne stammt aus ein und derselben Doleritader bei Plussulien (Côtes-d'Armor). Um den Steinbruch herum waren Werkstätten entstanden, in denen 1500 Jahre lang ohne Unterbrechung grob vorgeformte Äxte hergestellt wurden. Die fertiggestellten Gegenstände wurden in großem Umfang ins Pariser Becken exportiert, gelangten daneben aber auch bis nach Südengland, Belgien, ins Elsaß, ins Rhône-Tal und nach Aquitanien. Eine Hornblendader bei Pleuven (Finistère) lieferte den Stein für Streitäxte, die im späten Neolithikum in ganz Armorika, im Loire- und Seine-Becken und bis in die Niederlande verbreitet waren. In der Bretagne wurden mehrere Fibrolitvorkommen abgebaut- der Fibrolit kann nur gesägt oder poliert werden - , so an der Mündung des Golfs von Morbihan und bei Plouguin im nördlichen Finistère (man entdeckte sogar einige Gegenstände aus Fibrolit jenseits des Ärmelkanals). Ausgehend von verschiedenen Produktionsstäten wurden durch Tauschhandel Tonnen von Rohmaterial und Fertigprodukten über weite Gebiete verteilt : die

Abwicklung der Geschäfte nahm allerdings viel Zeit in Anspruch.

Für Prunkwaffen und -werkzeuge (Äxte aus Jadeit und Eklogit), für Schmuck und Zierat (Perlen und Gehänge aus "Callaïs") verwendete man seltene Halbedelsteine, deren Herkunft zum Teil ungewiß ist (nur über die des Variszits, der häufigsten Mineralart für Callaïs, besteht kein Zweifel, man findet ihn bei Pannecé (Loire-Atlantique), und darüber hinaus sind Variszitbrüche aus dem Neolithikum in Katalonien bekannt). worden sein : Der grüne Jadeit stammt mit Sicherheit aus dem Piemont oder benachbarten Gegenden (große Mengen wurden auf dem Rhein Richtung Norden transportiert bis nach Deutschland und in die Nachbarländer, bis nach England und Schottland). Noch vor einem Jahrhundert wurde angenommen, die Prestigegenstände seien aus Asien eingeführt worden. Heute wissen wir, daß es im späten Neolithikum im westeuropäischen Raum bereits einen gemeinsamen Tauschmarkt für Halbedelsteine und Prestigeobjekte gab. Die Abwicklung der Tauschgeschäfte zwischen den benachbarten Stämmen nahm allerdings viel Zeit in Anspruch.

Die Entdeckung einiger weniger Werkzeuge und Waffen aus dem späten Neolithikum aus Metall, meist aus arsenhaltigem Kupfer, seltener aus Bronze, insbesondere kleiner Dolche (das armorikanische Neolithikum fällt mit dem osteuropäischen Chalkolithikum zusammen), läßt darauf schließen, daß einige Megalithgrabstätten zur Zeit, da sich das Kupfer als Werkstoff durchsetzte und die Glockenbecherkeramik erstmals auftrat, noch genutzt wurden. Für die Herstellung von Schmuck und Zierat wurde auch gediegenes Gold verwendet ; aus Goldklumpen, die man in den Flüssen fand, wurden durch Klopfen Fäden und Blätter geformt (die Bretagne ist verhältnismäßig reich an alluvialem Gold).

Perlenkette aus Variszit.

CHRONOLOGISCHE EINORDNUNG DER MEGALITHDENKMÄLER

Nachdem die Megalithkultur in ihren Grundzügen beschrieben worden ist, soll sie nun zeitlich genauer eingeordnet werden. Verglichen mit der langen Geschichte der Menschheit ist die Megalithkultur relativ jung, sie steht am Ende der Vorgeschichte, am Übergang zur Frühgeschichte. Bereits mehrere Jahrtausende zuvor hatte im Vorderen Orient eine Umwälzung der Wirtschaftspraktiken eingesetzt, so daß an die Stelle eines unsicheren Jäger-, Fischer- oder Sammlerdaseins eine gesichertere Existenz getreten war, der unter anderen Neuerungen eine gezielte Nahrungsmittelproduktion zugrunde lag, so zum Beispiel der Getreideanbau . In diesem Zusammenhang sei darauf hingewiesen,daß sich in anderen Gegenden der Welt gleichzeitig mit und unabhängig von der Entwicklung in Europa vergleichbare Neuerungen durchgesetzt hatten (Reisanbau im Orient, Maisanbau in Mittelamerika, etc). Dies führte im Laufe der Zeit zu einer Reihe von technischen Fortschritten. Als die neuen Wirtschaftsformen schließlich auch nach Westeuropa gelangten, hatten sie sich schon merklich weiterentwickelt ; zugleich hatten die Europäer sich auf ihre Weise neuen Lebensbedingungen angepaßt. In Westasien wurden auch weiterhin wichtige Fortschritte erzielt ; durch die Erfindung der Schrift gingen die orientalischen Kulturen in die Geschichte ein. Ein Teil dieser Neuerungen, die sich äußerst rasch verbreiteten - das Rad der Geschichte dreht sich immer schneller -, begann sich im späten Neolithikum auch im Westen durchzusetzten.

In Europa ist eine dieser neuen Erscheinungen die Megalithkultur. Anhand der Fülle von Informationen, die wir den modernen Naturwissenschaften verdanken, läßt sich seit etwa vierzig Jahren die Größenordnung der in Frage kommenden Zeitabschnitte genauer eingrenzen. Die bei weitem zuverlässigste Methode ist die Dendrochronologie (Jahresringchronologie), mit deren Hilfe man auf das Jahr genau bis zu 7000 Jahren in die Geschichte zurückgehen kann unter der Voraussetzung, daß man über Sequenzen von fossilem Holz (möglichst Eichenholz) verfügt (derartige Funde wurden in zentraleuropäischen und irischen Seen gemacht). Die durch die Dendrochronologie gewonnenen Ergebnisse können die anderer Datierungsmethoden unter Umständen korrigieren. Unter diesen ist die Radiokarbonmethode die gebräuchlichste, mit ihr läßt sich jedoch nur die Zeitspanne, innerhalb derer sich ein archäologisches oder geologisches Ereignis zugetragen hat, bestimmen (da die Radiokarbonzeit nicht genau der tatsächlich verstrichenen Zeit entspricht, bedarf es einer leichten Korrektur ; hier erweist sich die Dendrochronologie als hilfreich). Dasselbe gilt für andere physikochemische Datierungsmethoden, so zum Beispiel für die Thermolumineszenzmethode zur Datierung von Keramik.

Die Radiokarbonmethode lieferte eine Fülle von Datenserien, die durch die Ergebnisse anderer Untersuchungen korrigiert oder bestätigt wurden. Vergleichende Studien konnten zeigen, daß die Megalithkultur in Armorika und den benachbarten Gebieten etwa 7000 Jahre alt ist, wenn nicht älter, denn vor den äußerst komplexen Denkmälern, deren Entstehungszeit wir genau bestimmen können, gab es möglicherweise einfachere Formen, die damit noch um einige Jahrhunderte älter wären. 2500 bis 3000

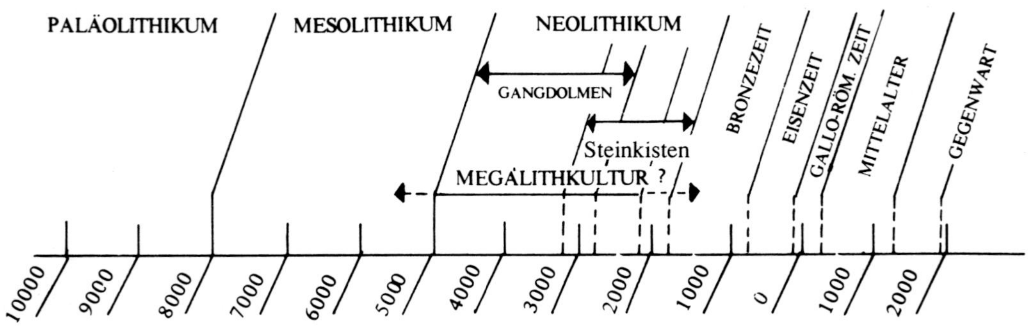

Jahre lang wurden Megalithgräber gebaut, sie wurden wahrscheinlich noch 3800 bis 4000 Jahre vor heute genutzt - mehr oder weniger je nach den lokalen Gegebenheiten und Traditionen.

Noch vor dreißig Jahren hatte man die Periode, innerhalb derer Megalithdenkmäler errichtet wurden, um die Hälfte kürzer geschätzt. Lange Zeit verwendeten die Archäologen aus technischen Gründen nur die B.P.-Datierung (Before Present, vor heute, willkürlich auf das Jahr 1950 A.D. festgelegt) und vermieden eine Bezugnahme zu Christi Geburt, die Vergleiche mit historischen Daten implizierte. Die von 1981 bis 1985 durch die neuen Korrekturmethoden erzielten Fortschritte ermöglichen nun auch Vergleiche mit der üblichen Zeitrechnung. Dies erklärt, daß zwischen jüngeren und älteren Veröffentlichungen scheinbare Widersprüche auftreten (1000 Radiokarbonjahre entsprechen manchmal 950, in anderen Fällen 1500 sideralen Jahren).

Wir können heute die Chronologie der unterschiedlichen Typen von Megalithgräbern und Keramik in der Bretagne genauer festlegen ; diese sind ihrerseits kennzeichnend für die verschiedenen Phasen des armorikanischen Neolithikums. Die prämegalithische Töpferei trat in der Vendée und im mittleren Westen Frankreichs etwa 5500 Jahre v. Chr. auf. Die neolithische Kultur entstand hier also zur gleichen Zeit wie im Rheinland und in Benelux. In der Bretagne hingegen führten die Menschen weiterhin ein Jäger- und Fischerdasein, wie sich aus auf Muschelschichten bis heute erhalten gebliebenen Nahrungsabfällen ablesen läßt. Möglicherweise wurden bereits einige wenige Haustiere gehalten.

Die ersten Gangdolmen wurden spätestens um 5000 v. Chr. erbaut ; schon bald darauf trat gemeinsam mit ihnen die erste Keramik vom altwestlichen neolithischen Typ auf (Carn-Keramik), die manchmal fein gearbeitet und sorgfältig geglättet ist und wie Leder aussieht ; die Gefäße mit nach außen gewölbtem Boden sind bisweilen mit kleinen Wülsten verziert. In derselben Phase des Neolithikums schmückten Kannelierungen und Punktierungen die Keramik aus dem östlichen und südlichen Armorika. Diese Motive verraten eine Verwandtschaft mit der Keramik der danubischen Kulturen, die bis ins Pariser Becken, in die Normandie und auf die anglonormannischen Inseln vorgedrungen waren. Im Poitou und in der Vendée findet man eine Variante der Carn-Keramik, die sogenannte Cous-Keramik, vertreten durch sorgfältig gearbeitete Gefäße mit nach außen gewölbtem Boden, die ebenfalls mit kleinen, runden Wülsten verziert sind, jedoch häufig eine Verengung am Hals aufweisen. All diesen Gefäßen ist der nach außen gewölbte Boden gemein, offensichtlich sollten sie nicht hingestellt werden.

Die Gangdolmen entwickelten sich weiter entweder zu Gräbern mit Seiten- oder geteilter Kammer oder aber zu Denkmälern, bei denen Kammer und Gang unmittelbar ineinander übergehen, wobei zahlreiche, meist regionale Varianten auftraten. Man findet in diesen Gräbern eine abwechslungsreichere und reicher verzierte Keramik - nach wie vor mit nach außen gewölbtem Boden. Es sind zwei Entwicklungsstränge zu unterscheiden : Einerseits entwickeln sich aus der Carn-Keramik die Souc'h-Keramik (diese ist durch Gefäße mit vertikal perforierten Henkeln gekennzeichnet) und die Quélarn-Keramik (typisch sind die "Knopf"- Motive rund um die Gefäßöffnung) ; andererseits entseht unter dem Einfluß der Chasseykultur (mittleres Neolithikum, Süd- und Zentralfrankreich) eine armorikanische Variante der Chassey-Keramik : Gefäße mit einer Ausbuchtung zwischen Bauch und Hals sowie eine Unterart, die reich verzierten Vasen mit Fuß. Man findet im Inneren der Gangdolmen aus dieser Periode nun auch Gegenstände, die es vorher bereits gab (z.B. polierte Äxte), die aber noch nicht als Grabbeigaben niedergelegt wurden (dies gilt in besonderem Maße auch für die geschlossenen Grabmäler in den großen Tumuli in der Gegend um Carnac und Locmariaquer).

Die letzen Gangdolmen vom klassischen Typ wurden etwa 4000 Jahre v. Chr. errichtet. Gleichzeitig entstand eine Reihe von abgeleiteten Formen : die rechtwinklig angelegten Gräber, um 3500 v. Chr. die V-förmigen Gräber, um 3000 v. Chr. schließlich die Gräber mit seitlichem Eingang und die Allées couvertes. Die letzten Steinkisten wurden vermutlich um 2500 v. Chr. erbaut. Diesen verschiedenen Gangformen entsprechen regionale Typen von Keramik mit flachem Boden : an der Atlantikküste vom Finistère bis in den Süden des Départements Loire-Atlantique die Kerugou-Keramik, für die vertikale oder sich verengende Gefäßhälse mit senkrechten Kerben oder "Hohlkehlen" typisch sind ; weiter nördlich die Quessoy-Keramik (Gefäße ohne vertikale Motive). Schließlich gelangte aus der neolithischen Kultur des Pariser Beckens grob gearbeitete Keramik im S.O.M. Stil (Seine-Oise-Marne) in die Bretagne, so zum Beispiel die "Blumentöpfe" und Varianten der "Kragenflasche". Während das mittlere Neolithikum mit seinen Ganggräbern relativ einheitlich war, zeichneten sich das jüngere und späte Neolithikum durch die Vielfalt der anzutreffenden Formen aus ; neben regionalen gab es sogar stammeseigene Varianten. Bisweilen wurden auch die älteren Denkmäler weitergenutzt (zum Teil waren sie zunächst ausgebessert und umgebaut worden).

Zum letzten Mal werden die Megalithgrabstätten im Chalkolithikum wiederverwendet, einer Zeit, da keine neuen Denkmäler mehr entstehen, einer Übergangsperiode zwischen zwei Kulturen, für die Stein- bzw. Metallwerkzeuge kennzeichnend sind. Typisch für das Chalkolithikum ist die Glockenbecherkeramik, die von gewissen Fachleuten zunächst einem, wie man vermutete, neu zugewanderten Volksstamm zugeschrieben wurde. Heute sieht man in ihrer Verbreitung in Armorika eine Modeerscheinung. Man fand Gefallen an neuen Prestigeobjekten : Aus den Glockenbechern wurden in der Bretagne um 2500 v. Chr?. vielleicht besondere Liköre getrunken.

Die Megalithkultur muß im Rahmen der langen Entwicklungsgeschichte der Menschheit gesehen werden. Selbst wenn man die prämegalithische Phase, über die uns so gut wie nichts bekannt ist, sowie die letzten erkennbaren megalithischen Einflüsse in den armorikanischen Hügelgräbern aus der Bronzezeit außer Acht läßt, kommt man zu dem Ergebnis, daß sich die Megalithkultur über mindestens 2500 Jahre erstreckt hat - das ist mehr als die geschichtliche Zeit in Gallien und Frankreich. Es handelt sich also nicht um eine flüchtige "Modeerscheinung".

Im Verhältnis zu drei Millionen Jahren Menschheitsgeschichte ist die Megalithkultur geradezu jung. Sie unterscheidet sich, und das soll hier noch einmal hervorgehoben werden, in jeder Hinsicht von den Jahrtausende überdauernden Kulturen aus dem Paläolithikum, in welchem die Menschheit ihre ersten Schritte tat. Das Wort "prähistorisch" ist also nicht in jedem Fall gleichbedeutend mit "Neandertaler" oder "Höhlenmalerei"... Auch nach der Megalithperiode - in der Bronzezeit - existierte in Armorika, bevor es in die Eisenzeit, dann in die geschichtliche Zeit eintreten sollte, eine frühgeschichtliche Kultur mit eigenen Wesenszügen.

Denkmäler, die so außerordentlich und von solch beeindruckender Größe wie die Megalithbauten sind, besaßen noch weit über ihre eigentliche Blütezeit hinaus für die ortsansässige Bevölkerung eine kulturelle Bedeutung und eine mythische Anziehungskraft. Auf Neuankömmlinge mochten sie bisweilen faszinierend, bisweilen abstoßend wirken. So wurden in der Eisenzeit an den Grenzen des eigentlichen keltischen Gebiets in einigen Dolmen zusätzliche Gräber angelegt ; die Gallo-Römer hingegen drangen in die Denkmäler ein häufig in der

Absicht, sie zu plündern. Manche wurden zu Heiligtümern umfunktioniert, in denen chthonische Riten zelebriert wurden, andere nutzte man als Grabstätten, als handele es sich um natürliche Höhlen. Seit der Bronzezeit dienten die Menhire als Landmarken oder waren Bezugspunkte, zum Beispiel für Verstecke. Die frühgeschichtlichen und antiken Glaubensformen und Riten waren durch eine Tendenz zum Synkretismus, der Vermischung verschiedener Religionen und Traditionen, gekennzeichnet.

Die christlichen Priester und Missionare zeichneten sich hingegen durch große Intoleranz aus. Immer wieder wurde ihnen vor Augen geführt, welch eine unwiderstehliche Anziehungskraft die Steine aus der heidnischen Tradition der Vorfahren auf die Bevölkerung ausübten, und so zerstörten die Priester die Menhire, die den heidnischen Glauben beharrlich wieder aufleben ließen, sie verstümmelten und verschütteten sie, häufiger noch versuchten sie, sie zu christianisieren. Diese indirekte Assimilation und kulturelle Aneignung konnte sich auf unterschiedliche Weise vollziehen : Manchmal wird ein Kreuz aufgesetzt, oder es werden andere christliche Symbole in den Stein graviert ; in anderen Fällen wird ein Megalithdenkmal in ein kirchliches Gebäude integriert (so wurde zum Beispiel in der Chapelle des Sept-Saints bei Le Vieux-Marché (Côtes-d'Armor) ein Dolmen zu einer Krypta umfunktioniert) ; bisweilen kann ein Stein auch in einen umfriedeten Kirchhof versetzt werden.

In diesem Zusammenhang ist die Vita des heiligen Samson aufschlußreich : Auf seiner Reise von Wales nach Armorika durchquert er Cornwall, wo er auf Einheimische stößt, die um einen Menhir tanzen ; er erteilt ihnen einen derben Verweis und läßt den Stein zerstören. Auf dem Festland gründet er in Dol ein Kloster in unmittelbarer Nachbarschaft des großen Menhirs von Champ Dolent, dem er jedoch keinen Schaden zufügt (möglicherweise setzt er aber bereits ein Kreuz auf). Auch der große, mit Gravierungen versehene Menhir von Saint-Samson-sur-Rance am anderen Ufer des Flusses bleibt unversehrt (man

Lande de Cojoux : christianisierter Menhir.

Menhir von Saint-Duzec.

Louisfert (Loire-Atlantique).

erzählt sich allerdings, der heilige Samson habe am Fuße des Menhirs gegraben, woraufhin dieser sich geneigt habe ; einst fand man an eben dieser Stelle angeblich einen Kegel und einen Ring aus Eisen).

Tief im Volk verwurzelte Traditionen lassen sich jedoch nicht ohne weiteres verändern : War die Christianisierung auch manchmal erfolgreich, so blieb sie doch meist oberflächlich. In der Tat nahm noch in jüngster Zeit eine ganze Reihe von Megalithen eine besondere Stellung unter den "sagenumwobenen Steinen" der Bretagne ein, die Gegenstand von merkwürdigen, angeblich heidnischen Praktiken waren, die einen christlichen Anstrich hatten. Es wäre allerdings ein Irrtum anzunehmen, diese Bräuche gingen direkt auf die Megalithiker zurück. Zwischen ihnen und uns liegen viele sehr unterschiedliche Kulturen.

Dolmen und Menhire, die in der Bretagne in so außerordentlich großer Zahl anzutreffen sind, sind die ehrwürdigen Überreste einer verschwundenen Zivilisation mit bereits hohem Entwicklungsstand, der die unsrige kaum überlegen ist. Es wäre falsch, das Neolithikum als in jedem Falle "barbarisch" zu betrachten ; es ist denkbar, daß die Menschen die meiste Zeit über in Sicherheit, Frieden und brüderlicher Eintracht miteinander lebten. Die teils zu beeindruckenden Grabmälern übereinandergeschichteten, teils in der Art geheimnisvoller Symbole aufgerichteten Steine sind eines der bewegendsten und bedeutendsten historischen Zeugnisse, die in Europa, vielleicht sogar in der ganzen Welt existieren, ein Zeugnis, das uns von Völkerschaften hinterlassen wurde, die bereits ein in sich abgeschlossenes Glaubenssystem entwickelt hatten. Wir verdanken ihnen viel, ob wir es wahrhaben wollen oder nicht.

So gebührt diesen großen, sich in der Heide gegen den Horizont abzeichnenden Steinen noch heute unser Respekt ; sie lösen beim Betrachter wenn nicht Verwunderung, so doch zumindest eine berechtigte Neugier aus.

Rennes und Penmarc'h, 1957-1987.

BIBLIOGRAPHIE

P.-R Giot, J.-P. Monnier, J. L'Helgouach : *Préhistoire de la Bretagne, O.F., 1979.*
P.-R. Giot, J. Briard, L. Pape : *Protohistoire de la Bretagne, O. F., 1979.*
P.-R. Giot, Batt, Lecerf, Lecornec et Le Roux : *Au pays des Mégalithes,* Editions Jos, 1985.
P.-R. Giot : *Barnenez, un grand cairn mégalithique,* Editions Jos, 1987.
J. Briard : *Mégalithes de Bretagne,* O.F., 1987.
P.-R. Giot : *Les alignements de Carnac,* O.F., 1983.
C.-T. Le Roux : *Gavrinis et les îles du Morbihan,* Imprimerie Nationale, 1985.
Gw. Le Scouézec *: Bretagne mégalithique,* Seuil, 1987.
A. Burl : *Megalithic Brittany, a Guide,* Thames and Hudson, 1985.
D. Roche : *Carnac,* Tchou, 1973, Suger, 1985.

Achevé d'imprimer par Combier Impression - Mâcon en janvier 1998
pour le compte des Éditions JOS LE DOARÉ - 29150 Châteaulin
Dépôt légal : n° 539 - février 1996 - ISBN : 2-855-43-103-4

< 9963003224